花月暦

広田千悦子　文
水上多摩江　絵
広田行正　写真
第一園芸・花毎　企画協力

はじめに

一年を彩るように
訪れては過ぎ去る季節の中。
数えきれないほど多くの
草木花とともに
私たちは暮らしています。

その草木花に目を注ぎ、
肌に触れ、
香りに誘われるままに
頬を寄せてみると、
ものいいたげな彼らの声が
聞こえてくるようです。

その佇まいに
耳を澄ます時間は
心をほぐし
わだかまりを解き
道をひらくような
そんなひと時。
土の上に立ち
ほんのわずかな時間でも
彼らとともにあるなら
素直な気持ちは呼び覚まされ、
胸のうちには
満ち足りた気持ちが
広がっていきます。

草木花とともにある
機会をもたらす
行事や習わしなどをまとめた歳時記、
そして暦は、
この複雑な時代を軽やかに
生きていくための
宝石箱のようなものです。

日々や忙しさに紛れて
今、ここにある
喜びや
幸せや
満ち足りた気持ちを
たとえ見失ったとしても

草木花に目を注ぐことを
忘れずにいれば、
大切にすべきものを大切にする
人生の旅に
いつでも戻ってくることができます。
心配することはありません。

四季折々、花、月、暦とともにある旅を。
ご一緒していただければ幸いです。

広田千悦子

春

椿

立春《りっしゅん》

二月四日頃

季節の扉が開く時。

はるか遠い星、太陽から新しい光が降り注ぎます。小鳥たちと一緒に、その白く眩しい光を浴びるうちに感覚はだんだんと目覚め、動き出すのです。

冬の間に蓄えた確かな力と重なり合い、春の調べとともに、胸の内がふくらんでいくような感覚に。

桜の枝の蕾《つぼみ》も確かに少しずつふくらんでいます。繊細な人は、目には見えなくとも、うごめくいのちの力強さを感じはじめます。

ゆっくりと息を吐き、光に満たされた空気を吸い込んで、季節のはたらきに導かれるように、あらためて歩いていくための力を受け取る季節です。

立春のこと

いちばん心躍る季節はいつか、と聞かれたら、ためらうことなく「立春」と答えます。

窓から入り込む光の眩しさに目を細め、夕暮れ時がゆったり長くなってくる頃。一日の主人公が「夜」から「昼」へと移りゆく道すがら。

季節の趣は、夜空の星々のように大きく転回し、すべてのものに光が行き届くようにという計らいを、あちこちに感じます。

たとえ不安や疲れが折り重なるようになっていても、この光のはたらきに目を注ぐことを忘れずにいれば、いつしか心は落ち着きを取り戻していきます。

ある程度の光が貯えられ、身体に満ちるとさえずりはじめる小鳥たちが、立春の頃の光にはすべての精気を呼び覚ますような不思議な力があると教えてくれています。

立春は、一年の中でも冬から春へと移り変わる大きな節目。身構えすぎずに、ゆったりと波乗りするような感覚で、うねりにゆだねるうちに、心や身体の歪みが浮かび上がってくるかもしれません。

境界線を前にすれば、慣れ親しんだものとは異なるものとの出会いもあり。戸惑うことも少なくありませんが、新しい光の力を借りて、混沌は何かが生まれる前のしるしだということを素直に受け取ることからはじめたいと思います。

あとしばらくすれば、春爛漫。世界は春一色に包まれていきます。

ゆったりと思いを巡らせる、そんな贅沢な時間を過ごしたいなら、静けさ満ちる今のうち。花そのものだけでなく、たとえば光と花、ふたつの力を両方合わせて眺めるひと時を持ちたいもの。

感覚をはたらかせ、とりまく気配にも目を配るようになれば、闇があるところには必ず光あり。よりさまざまな景色や繊細な光が目に入るようになってきます。

椿《つばき》

椿は、まだ眠る木々の暗闇を灯すように咲く花。漢字のなりたちを見ても「春の木」と書きます。

ひそかに私は夜明けの花、と呼んでいますが、古の人たちも常緑で生命力が強いことから、椿には特別な力があると考えていました。

かたい蕾がほどけていくのが待ち遠しくて、寒さがゆるむ日を見計らいつつ、椿の木を仰ぐ日々が続きます。

毎年、傷みの少ないきれいな花びらを集めて、椿の花蜜煮をつくります。

香りも少なく、えぐみがあるという人もいるけれど、ふだん甘いものをあまりとらない私にとって、香りも甘みもほれぼれとするような仕上がりに。

ルビーのように輝く色も素敵。確かにえぐみを少し感じるものの、大好きなローズヒップやハイビスカスに近い香りがします。

椿の花は、艶のある葉、枝姿も美しいものを選び、半紙や奉書に包み、ひと枝、部屋にしつらえます。

あるいは桐箱に苔を敷き、花を挿したり、器に入れたり。一輪、部屋に置くだけで場の空気は一変し、だれかが部屋の中にいるのかと振り向いてしまうような存在感があります。

新しいことをはじめたい時に、なかなか気分をきりかえられない時に、凛とした花姿は力強く、ふたたび歩こうと思う気持ちを後押ししてくれます。

あらゆる眠りから目覚め、夜明けを迎えたい時、私はお供えをするような気持ちで椿をしつらえます。

椿の花蜜煮のつくり方

【材料】
椿の花……約 100g
三温糖……花びらと同量
レモン汁……数滴

1 椿の花びらを水にさらす。
2 鍋に花びらと水をひたひたに入れて中火で煮る。灰汁が出たら取る。
3 三温糖を加え、花びらが好みのかたさになるまで、弱火で約 15 分煮る。最後にレモン汁を加える。

山茱萸《さんしゅゆ》

梅と並ぶ早春の花木です。

枝ぶりに繊細な趣があり、その先に散らしたように咲く小花は、まるで小さな花火のよう。ぷくっとした蕾がぱかりと開いて、茶色の蕾から顔を出す優しい黄色。なんともいえない魅力があります。

秋になる実は、きれいな赤い色で、漢方では強壮剤などに使われています。

春黄金花《はるこがねばな》や、秋珊瑚《あきさんご》などの可愛らしい名前で呼ばれることも。

茱萸という名のつくものには、山茱萸、呉茱萸《ごしゅゆ》、食茱萸《からすざんしょう》などがあり、重陽《ちょうよう》の節供に用いるものとして中国から伝えられたのは呉茱萸で、強い香りで邪気を祓うものです。

烏木蓮《からすもくれん》

桜の前触れに咲く花といえば、木蓮です。白い花、紫の花、さまざまな種類があります。

烏木蓮は、花びらの外側が紫色で、内側は乳白色の花。高い木の上で咲いているのを見ただけでは、なかなかわかりにくいのですが、開いていく蕾の様や花全体を眺めると、その名の通り木の蓮――蓮の花のよう。

ちなみに二月十五日は、お釈迦様がお亡くなりになった涅槃会《ねはんえ》。お寺では、お釈迦様のご縁の日として、涅槃図を掛けたり、涅槃団子をいただきます。

お釈迦様のご縁のある花として、木蓮の花のしつらいもおすすめです。

菜の花

ぽつりぽつりと咲きはじめていた頃と比べると、勢いが増して、鮮やかな色にも迫力を感じるようになります。

こんもりと咲いている様子は、まさに春の力そのもの。

ついつい、足を止めて眺めていると、小さな小さな蜜蜂の羽音が聞こえてきます。その音にさそわれるままにいると、心もミクロの世界に。

菜の種類により、少しずつ大きさやかたちが異なる菜の花の趣。忙しい時こそ、精妙な世界を訪れて、心をあたため直しながら歩きたいと思います。

山茶花《さざんか》の花湯

花びらを散らしながらもなお、山茶花が彩りを見せてくれています。冬のはじまりから春のはじまりまで、息の長い、長い花です。

どんなものでも見慣れてしまうと、なかなかそのよさ、そしてその存在すら見えなくなり、気づくことができなくなる――。

そのことを毎年、山茶花に教わっています。

花のなごりを十分に楽しみたい時は、山茶花の花湯を。乾燥した花びらがお茶になると聞いていたので、フレッシュなままの花を器に入れて、熱々のお湯を注いでみます。

回転しながら花は色を変え、香り立つ。

ひとくちいただけば、山茶花の香りを浴びて、幸せな気持ちになります。

梅

雨水《うすい》

二月十九日頃

開きはじめた春の勢いを受け止めていく季節です。静かな春雨が降り注ぎ、冬の間、かたく閉じていた土をほぐすたびに、気持ちも柔らかく

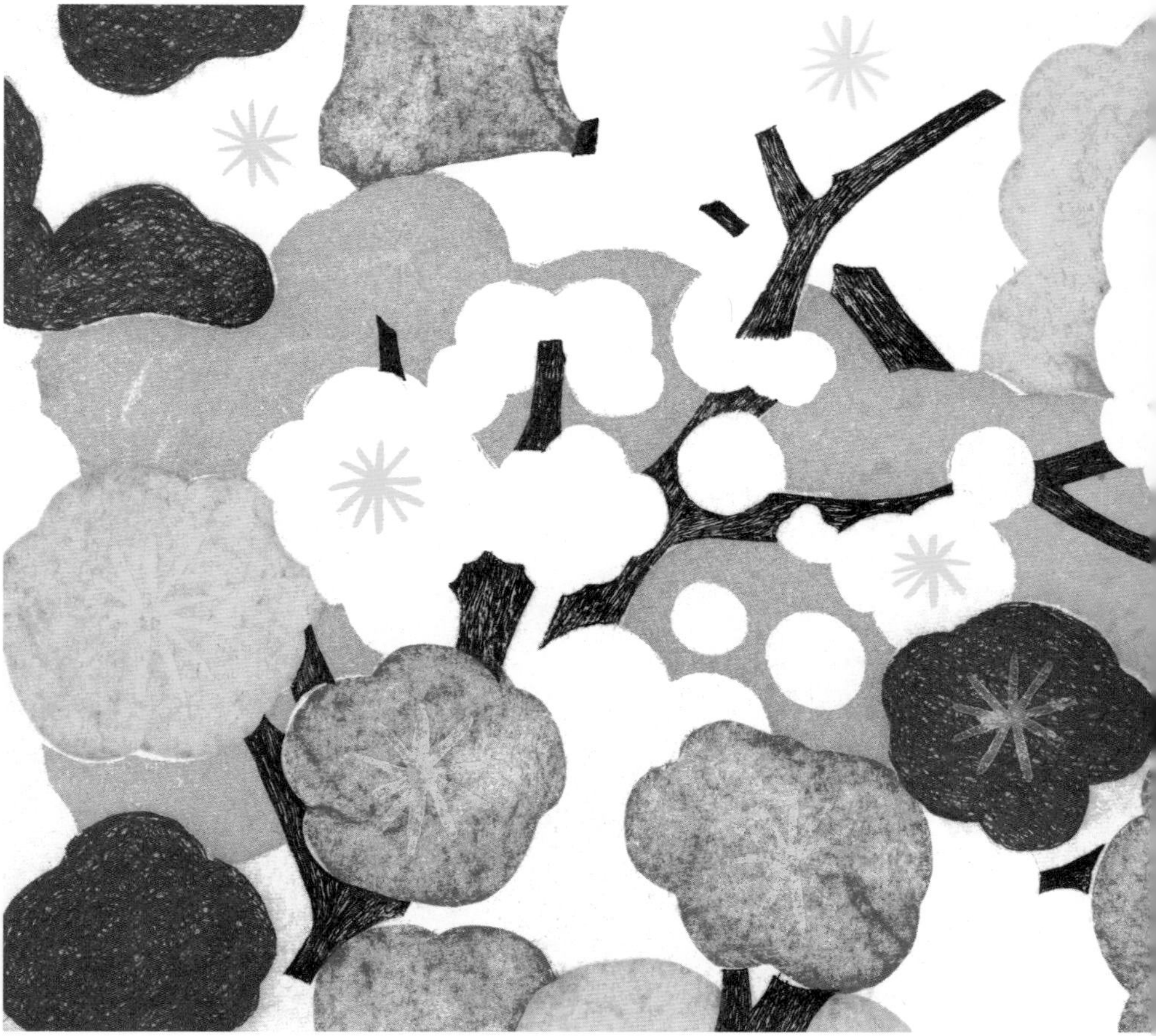

なっていきます。

アスファルトに埋め尽くされた街では無理、とあきらめずに感覚をはたらかせます。いつもとはあきらかに違う、街路樹の地面から立ちのぼる土の香りや、その気配が感じられることでしょう。

早々と目覚めたものも、これから目覚めるものも、静かな春雨にうながされて一旦、鎮まる。開いていく春を前に、自分らしいリズムを思い出す時でもあります。

ひと雨ごとに潤い、輝く植物の姿を眺めていると、濡れる煩わしさに気持ちを取られすぎることもありません。情報に翻弄され、疲れていた自分の頑さも柔らかく。草木花と同じように、私たちも同じ星に生まれたものとして、その力を受け取っていることを知る時です。

雨水のこと

雨水は、雪がゆっくりと雨へと変わるところもあり、寒さがゆるんでくる節気です。

長い間かたく閉じていたかのような大地も、ひと雨降るごとに柔らかくなり、新しいいのちが芽を出し、動き出せるようにと、まるでだれかが支度しているように感じます。

ただ、ある年の雨水はいつもと違って、秋から冬を越した草が、ずっと枯れることなく残っていました。たとえばこの時季、山菜のお楽しみのひとつはフキノトウで、通常、この風味のよい山菜を楽しんだ後に、蕗《ふき》はだんだんと葉が伸びていくものです。

ところが、その年は冬を越し、フキノトウになる前に、既に蕗の葉がいっぱい茂っているのです。青々と茂り続ける冬の蕗の葉のあまりの元気のよさに、今年はフキノトウが出ないのではないかと心配したほど。いつも通りの姿を見つけた時は、ほっと胸をなで下ろしました。葉をかき分けながら、フキノトウを探すのははじめてのことです。

冬を越した葉がたくさん残っているような、勝手の違う季節が続いて違和感があるものの、大地は潤いを保ち続けています。少しずつ、強くなる太陽の光を受けたせせらぎの水はいつも通り、きらきらと輝いています。日本人の信仰心にとっても大切な「水」、そして潤いに、あらためて気持ちが向かう節気となりました。

梅《うめ》

冬のなごりも少しずつ去るにつれ、花の舞台は、梅へ。

万葉集の時代の花見といえば桜より梅。心待ちにした春がようやくやってくる――。

そんな期待感あふれる光の中で行う花見のことでした。当時、多くの国が憧れていた中国大陸から渡ってきた習わしです。

ちなみに、梅の花が開くのは、日本人が長い年月の間、過ごしてきた本来のお正月の時期です。現在のお正月が冬本番に入る季節であるのに対して、旧正月は春がはじまり、世界が明るさに包まれていく頃に行われていたもの。

長い歴史を辿れば、日本には趣や空気感も違うふたつのお正月の顔があります。

遺伝子に眠っているかもしれない古のお正月の季節感を呼び覚ましたくて、我が家では毎年、旧正月も楽しむことにしています。

たとえば、梅の花と榧《かや》の枝を使った飾りをつくってみます。

榧は樅《もみ》や松の木と似たかたちの、節分の柊鰯《ひいらぎいわし》やお正月飾りにも使われてきた植物です。葉は鋭く、触れると柊の刺より痛いから用心しなければなりません。魔を祓う力があると考えた人たちの気持ちが手に取るように伝わります。

小枝に、紅白の餅花をつけて本麻で結んでいると、場を清らかにする、よい香りを放ちます。

たとえば、新暦のお正月は忙しくてあっという間だったから、あらためて新しい年をゆっくりと祝いたいという人への贈りものにしたいと思います。

貝花 かいばな

三月三日は新暦の桃の節供です。上巳《じょうし》の節供など、さまざまな名のあるこの行事の源流を辿っていくと、多様な意味や由来があります。

古くから伝わる習わしの中で、大きな軸のひとつは、「水」の近くで災いを祓うということ。人のかたちをした木や紙などに自分の穢れを託し、身代わりになってもらいます。これは古くからある日本の信仰のひとつで、川や海の水の力を借りて疫病や災いを祓うもの。流し雛の源流ともいわれています。

雛人形をはじめ、他にも桃の節供にちなんだ習わしはさまざまなものがありますが、災いを祓うために春爛漫の海や山、川のある場所へ皆で出かけていき、自然から力を得ようとした風習にちなむ蛤のしつらいを試みてみます。

磨き上げられた、日本産のふっくらとした蛤の殻に少し水をはり、桃や季節の花を入れて「貝花」と名づけました。この世で対になる貝殻は、たった一対だけ。夫婦和合だけでなく、さまざまな深い縁を願い、かたちをその心に見立て、しつらえます。

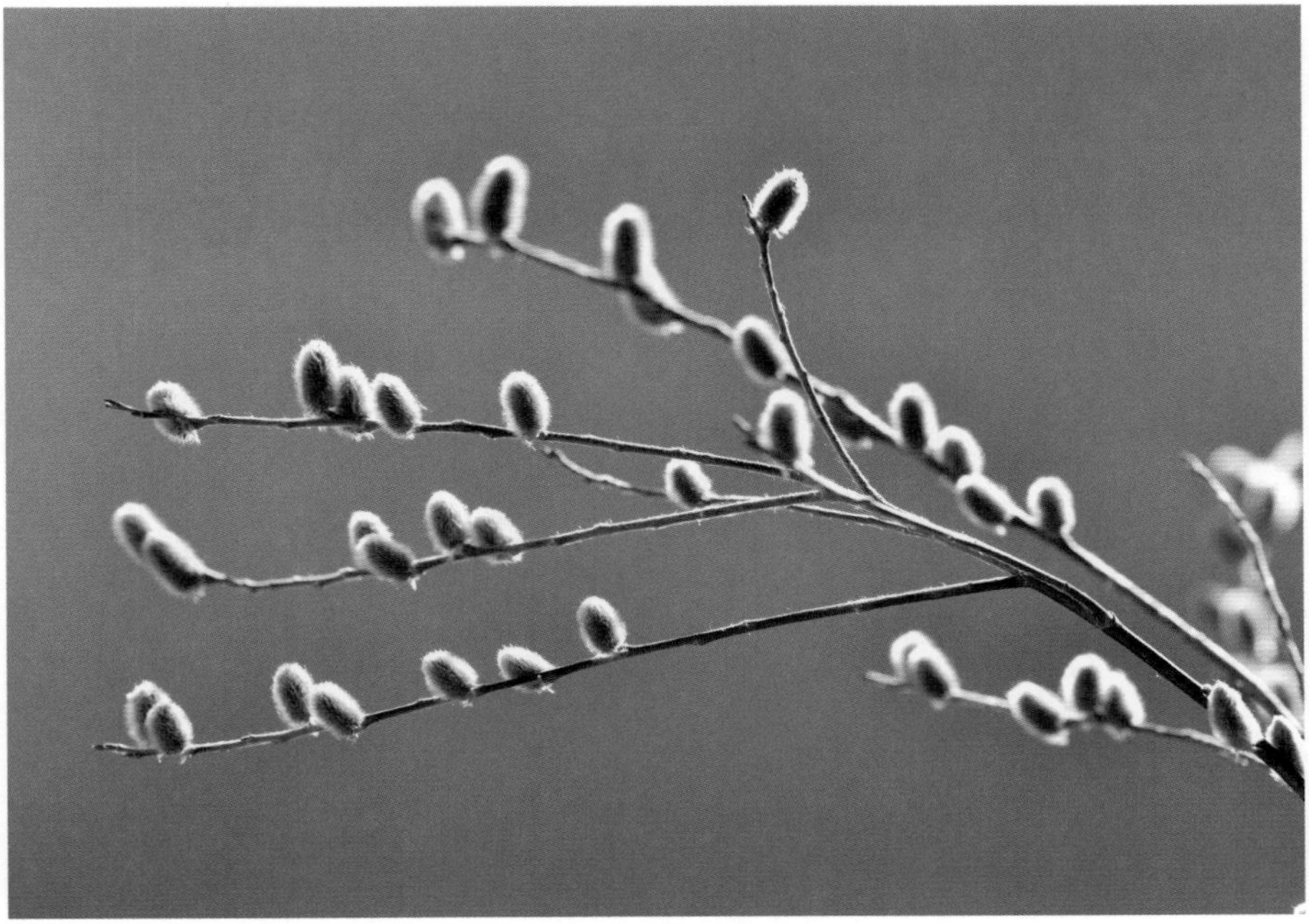

草木萌動《そうもくめばえいずる》

雨水の節気の中にある、七十二候のひとつです。
「草木が萌え出ずる」。

そのことば通り、萌黄色の草木の芽が、むくむくと動いています。

猫柳の蕾はふわふわとして光の中で輝き、木蓮の蕾もふっくり。植物たちは、だんだんと賑やかになる道中にあるけれど、それでもこの後すぐにやってくる、圧倒されるような勢いの春爛漫に比べたら、まだ序の口です。

目を覚ましてくれるような草木の動きをひとつ、ふたつと見つけては数えるような余裕があるから、今の時分にたっぷり贅沢に。季節と足並みを揃えて歩く喜びを、私たちが思い出すには、ちょうどよい早さ。

おだやかにゆったりと草木花のはたらきを楽しむ、そんな候となります。

春を告げる河津桜《かわづざくら》

三月末頃に咲く染井吉野に先がけて咲く桜、河津桜。伊豆半島の南に位置する、静岡県河津町にたくさん自生しているのが名の由来です。

大島桜と寒緋桜《かんひざくら》が自然に交じり合い、生まれた種類なのだとか。河津桜と名づけられてから、まだ約五十年という若さです。

元日桜、という別名のある寒緋桜が親ということもあり、梅の花に次ぐ早さで咲く、まさに春の訪れを知らせる、春告げ桜。

染井吉野よりも花色は濃く、まだ寒さが残る中で咲くせいか、可愛らしさの中にも、凛とした表情があります。

萌黄色と桜色の取り合わせが見事な枝が手に入ったので、床の間に置きました。

枝いっぱいにみなぎる力が伝わってきます。

節分草《せつぶんそう》

節分草は日本の固有種。節分の頃に咲くことから名づけられた花ですが、自生しているものの花季はもう少し先になってから。ひざまずいてじっくりと眺めたくなる精巧なつくりをしています。

花にはひと枝だけで強い存在感を放つものがあるけれど、節分草もそのひとつ。

この花に出会う季節がやってくるたびに、ひとつひとつの花それぞれにある性質のようなもの、そしてそれぞれにある表情について、思いを巡らせる機会をいただきます。

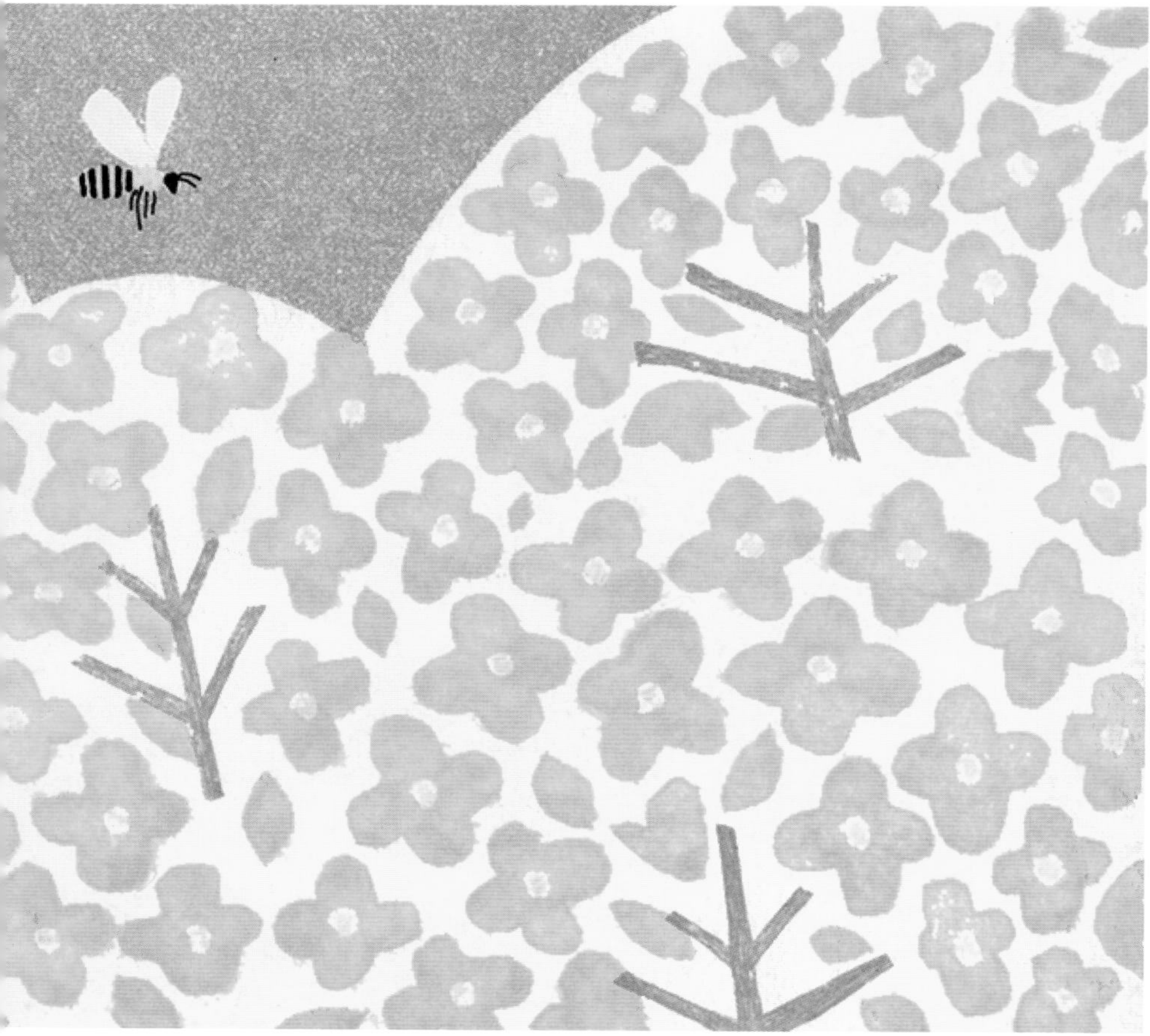

菜の花と蜂

啓蟄《けいちつ》

三月六日頃

立春の光に目覚め、雨水の潤いに心が少し鎮まってきた後。土の道を歩くと、靴の裏の感覚がふんわりと柔らかくなっています。

転ぶと痛そうだった冷たくコチコチな冬の地面も、いつの間にか緩んで、それに歩調を合わせるように、頑に閉じていたすべての扉が開くようです。

小さないのちは目を覚まし、草木花の彩りも豊かに。静けさの中に微かに残っていた冬のなごりとも、そろそろお別れ。

旅立つ冬を寂しく思う気持ちはそのままに。

空から大地から、蘇ってくるいのちの音に耳を澄まし、ともに歩きはじめる季節です。

啓蟄のこと

春の扉が大きく開いて、ウグイスの声で目覚める季節となりました。

三月のはじまりの頃はまだ、ひんやりとした空気に不意をつかれることもありますが、フキノトウが花開き、長い眠りについていた雪柳に緑色が戻る頃になると、流れを止めていた冷たい空気のことも次第に忘却の彼方へ。

ためらうことなくすべてが、春色に染まっていきます。

二十四節気の啓蟄は、冬ごもりしていた小さな生きものも、そろそろ動き出すという節気です。さまざまな虫を気にせずに、のんびりと日向ぼっこを楽しめるのも、虫たちが寝ぼけ眼《まなこ》でいる今のうちです。

海辺に出てみると、砂浜に浜大根が華やかに咲いています。清楚な淡い紫色がにじむ花びらに、アブラナ科らしい花姿。

辞書には「大根が野生化したもの」とあるから、畑の世界から飛び出し、新しい地に根づいた開拓者でしょうか。枠から飛び出し、自分らしい道を探して旅をし、海に根づいた浜大根は分布を広げ、日本と朝鮮半島をつないでいます。

環境や社会の変化の早さやギャップが大きい時は、思いがけないことが起きて、不安や迷いが多くなることもありますが、そんな流れの時は、たとえば、どっしりと大地に根を

おろす名もない道端の木を見上げたり、時季を迎えると決まって咲く季節の花など、なにげない日々の中にある、いつもと変わらない景色に目を注ぐ時間を増やしたりします。そういうひと時を持つことで、自分の軸を保つ、揺らがぬ支えとなり、不思議と気持ちは落ち着いてくるものです。

自分が大切にしたいものが何かを思い出し、身体や心の軸もゆったりと定まる流れへと、季節が導いてくれることでしょう。

大地の開く音

こどもの頃、アスファルトの道の下がどんな風になっているのかしらとよく考えていました。

おそらく押しつぶされているだろう地面のことや、植物や小さな虫たちがどんな風に暮らしているのか、気になって仕方がないのです。

それは現在のようにほとんどの道路が舗装されている時代とは異なり、自然の土のままの道路で遊び、雨が降れば水たまりのできた道を、長靴で泥水が跳ねるのも構わず楽しんでいたから、土の息吹を感じる場所と、そうでない場所の違いを感覚的に知っていたのです。

アスファルトで覆われた道があたりまえになり、土から離れて暮らすことになった私たちは、春になり大地が開き、そこから確かに立ちのぼってくる力の気配に、残念ながらなかなか気づくことができません。

それでもたとえば、赤信号を待つ間、会社に向かう道すがらなど、ほんの少しだけでも、足元に気持ちを向けて歩くことができるなら、街路樹の下からわずかにのぞく土からも、立ちのぼる気配が確かにあることを、感じることができるでしょう。

沈丁花

じんちょうげ

香り高き春の花、沈丁花。

その名の由来は、香料の沈香《じんこう》と、丁字《ちょうじ》にたとえたもの。

香りは沈香に、花は丁字に似ていると、江戸の百科事典『和漢三才図会』や、大槻文彦による国語辞典『大言海』に記されています。

ひとたび部屋に飾れば、空気までも染めてしまう、喉の奥に届くような強い香りです。

室町時代には日本で栽培されていた中国原産の植物で、花色は、白花《しらはな》、赤花《あかばな》などがあります。

小さな同じかたちの花が集まっている沈丁花の花を眺めているといつも、五月にこしらえる邪気祓いのための薬玉《くすだま》を思い出します。

花枝を取り、紫陽花《あじさい》のようなかたちにかたどり、置いてみますと、家中に香りを放ちます。香りで災い除けの呪力を発揮する薬玉となります。

犬の子

二月と三月に行われる行事のひとつ、涅槃会。

その期日は二月十五日となりますが、お盆と同じように、旧暦を使っていた時代の本来の季節感を大事にするための知恵、月遅れとして、三月十五日に行うところも多くあります。

涅槃会は、お釈迦様が入滅した日とされていますが、その習わしのひとつ、「涅槃団子」に花を置いてみました。

お団子は五色の餅を使う場合や、犬や蛇などのかたちにこしらえる場合など、各地でさまざま。

今回は犬の子のかたちを米粉でつくりました。

添える花にはお釈迦様へのお供えものとして、花びらを藤紫に染めた、咲きはじめの諸葛菜《しょかつさい》を。

樒《しきみ》の花

桟俵《さんだわら》に旬の花として、樒を入れました。

樒の花は、目立たぬ思いがけないところに咲いていて、はっとさせられます。うつむきがちに咲く花なので、探しにくく、花が咲き終える頃まで気づかないこともあります。

花は家にひと枝入れるだけで、一気に樒の香気に包まれ、部屋の空気をがらりと変えていきます。強い香りを持つ草木花には邪気を祓う力があると考えた、古の人の感覚を体験する機会です。

樒は、仏前草《ぶつぜんそう》という別名がものがたるように、仏様とご縁のある花。地域によってはお正月のしめ縄や、節分に添えるところもあり、災いを祓う草木花として、神仏両方に使われます。

オオイヌノフグリ

寒さが長引いて、春の幕開けに思いがけないほど時間がかかると、早くあたたかくならないかと、もどかしくなるものです。

一方で、そういう年は足早に過ぎていく季節に置いてきぼりにされずに済みます。慌てずに自分のペースで季節との折り合いをつけながら歩けると考えれば、そう悪くはないものです。

日陰では蕗の葉が開き、沈丁花の香りは、まだ寝ぼけ眼の背筋をきりっと伸ばしてくれます。仏教と関係の深い樒の花のかたちも見事。

地面を染めているのはオオイヌノフグリです。伝統色でいうなら天色《あまいろ》が大地にちりばめられています。

植物や小さないのちは、季節の力を受け取り、内側に眠っていた力が解放されていきます。季節の流れがまだ助走の今なら、ゆっくりの人もせっかちの人もリズムを合わせやすくなっています。

もうじきはじまる春爛漫の流れに押し流されてしまわぬように。自分らしい調和へとつなげるために。大地から立ちのぼる季節の力をひとつずつ、受け取りながら歩きたい季節です。

桜

春分《しゅんぶん》

三月二十一日頃

春分を軸にして変わるのは光と闇の長さ。長かった夜は過ぎ去っていきます。

ささやきのように聞こえていた小鳥たちの声も、次第に大きくなり、生まれくるいのちの響きを、シャワーのように浴びる日々のはじまりです。

いきつもどりつしていた季節の運びのためらいは消えて、初夏へと向かう道はまっすぐに進んでいきます。ウグイスの音も、のびやかに谷に響いていい調子。

鳥の声が楽しいのは美しい音だけでなく、空間の大きさを感じ取れること。私たちは反響する音で、空間のイメージを描き、距離感を測っています。

いつもは誰もが無意識に行っていることですが、時には、意識的に反響する音によく耳を傾けて。

小鳥たちのさえずりが、景色を立体的に見せてくれることでしょう。

春分のこと

小さな生きものたちが動き出す啓蟄を過ぎると、季節の進みにもリズムがつき、急に早くなるように感じます。もちろん、実際に季節の動きが早くなったり遅くなったりする訳ではありませんから、人それぞれに、あるいはその時々の何かしらの基準があって、早くなったりゆったりと流れたり、過ぎ去る速度がさまざまに変化するように感じるのです。

春分の頃には、昼と夜の時間がちょうど同じぐらいになります。多くの人は夜、眠りについているから、昼夜同じ長さといわれても、はっきりとした実感を持つことが難しいものです。いつもの場所に明るさが増しているような気がする、そんな風にささやかなところで変化を感じます。

太陽が真東から昇り、真西に沈む春分は、いつも暮らしているエリアで太陽の道筋がどんな風についているのかを知るのによい機会です。太陽の動きを一度、目で辿ってみると、頭や気持ちの中に、普段使っている回路とは別の道が開くような感覚が生まれ、新鮮な心地よさがあります。

お彼岸をはじめとして、太陽を信仰の対象として祀る行事は、日本各地に見られます。日の出を迎えて、日没を送り、手を合わせる習わしがあったことなどを思い出しながら道を歩きます。

この時季の草木花は、太陽のある方へと一斉に手を伸ばしているように見えます。草木花が全身で星の光を受け取ろうとしている姿を眺めるにつけ、太陽という星がもたらす恵みや、星が存在していることの不思議について、思いを巡らせるゆとりが生まれます。

蓬《よもぎ》

最初は静かだった季節のはじまりも、みるみるうちに賑やかになっていきます。それは、光が差しはじめるとあっという間に明けていく夜明けと似ています。スミレ、ハナニラ、ホトケノザ。そして山桜、染井吉野が咲いたら、「暑さ寒さも彼岸まで」。もう春は、後戻りはしません。

ここまできたら、春のきざしはあたりにあふれ、ひとつふたつとゆっくり数えるにはもう無理があるように思えます。

まだまだ寝ぼけ眼の私たちにとって、一気にやってきた流れは手に負えないもののように感じる時もあります。勢いがありすぎて、圧倒されてしまうのです。

特に、疲れている時、悩んでいる時、迷いがある時、悲しい時は季節のうつろいに翻弄されてしまいます。そんな時は、祝祭や植物、花の力を借りて、心をほぐしていきます。

たとえば、足元に美味しそうに生えている蓬。草餅はもちろんのこと、豆腐や山芋でのばして、擦り流しにしていただきます。風味のよい青汁としていただけば、ぼんやりとした身体もしゃっきりと目覚めます。

蓬が興味深いのは、同じ道に生えているものでも、場所により香りが違うということ。私の家の近くで香りがいちばん強いのは、決まって山の崖に生えている蓬なのです。香りだけでなく、葉のかたちも違っていることが愛おしくて、毎年、つまんでは香りを確かめ歩きます。

自然農法の方から教えていただいたことですが、植物はその場所の土はも

ちろんのこと、流れている水、そして何より、吹く風によってその姿かたちも、香りも味も変わってくるそうです。なるほど、「風土による違い」ということばもあります。

いつも過ごしている場所にどんな風が吹いているか、窓を明け放ち、肌で感じ取っておかなくてはと思います。人間も植物と同じ、自然の一部ですから、同じように力を受け取っているに違いありません。

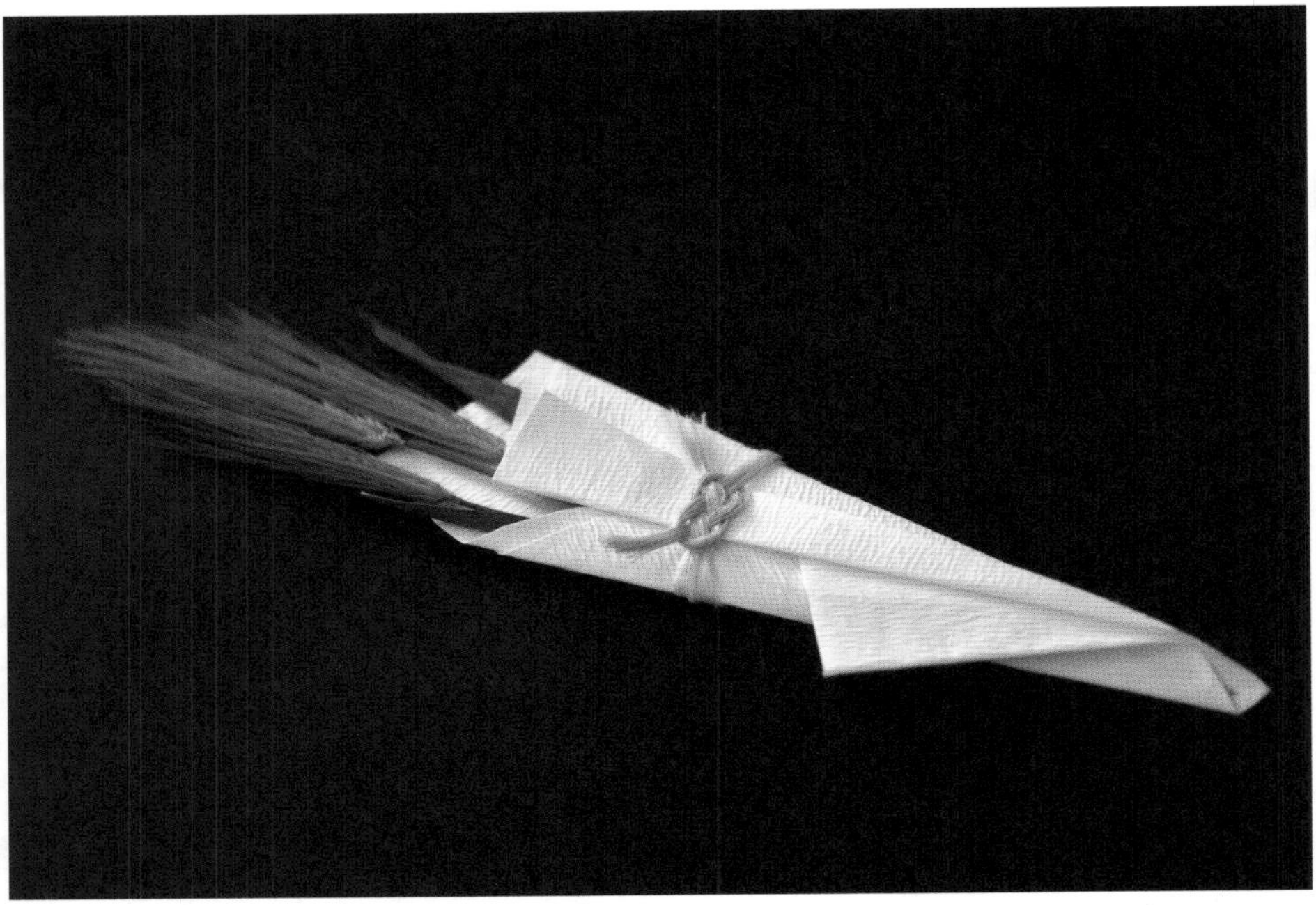

麦の春包み

麦が青々とした姿を見せています。

古い歴史がある日本の麦作には、さまざまな儀礼がありました。

麦に向かって褒めることばをかけたり、麦のお正月があったり。

あたかもすでに豊作を迎えたと仮定して、お祝いのことばをかけながら、種をまいては麦ふみをするなど、「予祝《よしゅく》」の習わしも見られました。

新緑が眩しい頃に金色に染まり、麦が秋を迎えるという意味の七十二候「麦秋至《むぎのときいたる》」はよく知られていますが、その麦がそろそろ青々とした穂を伸ばしはじめています。

今回は初穂をお供えものにするために、草花包みにしてみました。

姫榊《ひさかき》の花

この時季、神事に欠かせない姫榊が花を咲かせます。独特の匂いを放っているから、そばを通るとすぐに気づきます。

ずらりと枝に並んで、小さな小さな白い花をみっしりと咲かせています。花自体は目立たないかたちをしていて、ころころとすぐに地面に落ちてしまいます。

独特の匂いがありますから、榊の花は見たことがないけれど、香りだけは知っているという人も多いかもしれません。

ちなみに、姫榊は主に関東で使われ、関西でなじみ深いのは本榊《ほんさかき》です。同じ榊でも、本榊の花は咲く時季もかたちも異なっています。

スミレ

野に咲くスミレに出会うと、幸せな気持ちになります。

私のよく知っているスミレは、いつも同じ木の下のあまり日の当たらない場所でひっそりと咲いて、春の到来を知らせてくれます。

そろそろ咲いているかな、という頃合いになると、毎年出かけては、見事な淡い紫色を、しゃがみこんでいつまでも眺めます。

古くは万葉集に登場し、スミレを摘んだことが描かれています。

スミレの名前の由来で有名なのは、大工道具の墨入れと花のかたちが似ているという牧野富太郎説ですが、どちらかというと、スミレを摘んだことから、つみれ、すみれと変化したとする説に心惹かれています。

古い木魚と椿

二月十五日は涅槃会と呼ばれる、お釈迦様の入滅の日です。寺院では、涅槃図といってお釈迦様が亡くなられた時を描いたお軸を掛けたり、法会を行うところもあります。

二月十五日か三月十五日に行うのは、新暦か旧暦（厳密にいうとひと月遅れ）によるものです。

今回はお釈迦様にちなむものとして、古い木魚に椿をあしらいました。木魚は人々が祈りを込める時に打ち、向き合った祈りの道具です。

盛りを過ぎたと思い込んでいた椿が今、庭で豪華絢爛のフィナーレを迎え、見事です。そのさまざまな色や紋様の椿と、祈りのあかし、木魚を合わせました。

牡丹

清明《せいめい》

四月五日頃

霞がかり、柔らかになってくる景色とは対照的に、草木花の姿や、小さないのちの音は、生き生きと清らかに、明るくはっきりとしてきます。さまざまな自然のリズムが行き交い、賑やかな歌が聞こえてくるようです。

静かな冬の記憶ははるか彼方へ。いつの間にか気持ちはすでに、夏の方向へと向かいはじめています。

毎年、染井吉野の花の時季がいつ頃になるか、気になるものですが、美しい姿の期間が思いがけないほど長かったり、あっという間に過ぎて短かったり。

花が散った後は萼《がく》の薄紅色、新葉の萌黄色へと衣替え。季節や人生は同じところにとどまることなく、移り変わるものと、桜が教えてくれています。

清明のこと

立春からはじまった春も大詰め。早くも晩春に入ります。桜の開花も、河津桜から染井吉野、そして山桜へ。今年の開花はどんな塩梅かと、気を揉むうちに時は流れていきます。

新しい生活の幕開けを迎える人も多く、全身で春を受け取る季節。足元の草も勢いを増し、エネルギーが満ちあふれてきます。

清明は、清浄明瞭。旧暦の上巳の節供を迎え、地ものの桃の花もようやく咲き出しました。李《すもも》の花も咲き誇り、寂しかった柳の枝にもいつの間にか花が咲き、可愛らしく揺れています。

見渡せば　柳桜をこきまぜて　都ぞ春の　錦なりける

『古今和歌集』

桜と柳の景色は、さまざまな絵や工芸品などに描かれ、古の人は、ふたつの木々の取り合わせを楽しみました。

あちこち現れるひとつひとつの草木花の美しさに目を奪われ楽しい季節ですが、忙しなく感じた時には古の人たちの思いにならい、遠くの景色を遠望するのがおすすめ。

春の勢いに圧倒されがちで疲れが出る頃だから、目の動かし方を変えることで、バランスを取り戻す足がかりになることも。どうしても近視眼的なものの見方が多くなる現代のよい薬にもなります。

穀雨に移ると、春雨が多くなる頃。恵みの雨は優しく、穏やかで、景色はしっとりと潤いの中に包まれていきます。

清らかで明るく、を意味する清明のことばの音にも力をいただいて、恵みの雨に心潤してもらいつつ、春の力を上手に取り入れていきたい季節です。

灌仏会《かんぶつえ》

四月八日は灌仏会です。花祭、仏生会《ぶっしょうえ》など、いく通りも名のあるこの日は、お釈迦様が生まれたことをお祝いする日。

色とりどりにしつらえた花御堂の中に、小さな仏様を置き、甘茶をかけていただく行事などが行われます。

花御堂を山のかたちにこしらえるのは、山への信仰があったから、という考え方もあります。

ちなみに、灌仏会に使う水は、中国やインドではお茶ではなくお香を使ってつくる聖水でしたが、日本では飲用できる甘茶となります。

これは植物の力を身体の中に取り入れたいという日本人の思いがはたらいているのかもしれません。

世代によってお寺への思いも異なる時代になりましたが、仏《ぶっ》陀《だ》のことばや教えなどへの注目度は高まっています。

古くからある日本人の自然への思いと、遠い国から伝わってきた仏教にまつわること。

我が家では、両方を重ね合わせてきた文化を大事にしたしつらいになるよう祈りを込め、小さな仏像を野の花で飾ります。

しつらいをする期間は、野の花々には事欠かない季節の間。たとえば旧暦の四月八日まで楽しみます。

木五倍子《きぶし》の花

早春の山肌に、見逃したくないのは木五倍子の花。

時季が過ぎてしまえば、あと一年は会えません。

後悔したくないから、毎年、注意深く眺めます。

ちょっとした山の斜面などに、すだれを掛けるようにしゃらりと並んで、春たけなわのはじまりを告げる花。

毎年、時節になると現れる可愛らしいその姿かたちを見るにつけ、心のリズムが揺さぶられて動き出します。


果実は干して粉にし、黒い染料として用いることがあり、ヌルデの五倍子《ごばいし》の代用として使われてきたことからつけられた名なのだとか。

古くはお歯黒の材料として使われていたことや、蠟燭の軸として使われるなど、日本人に馴染みのある植物です。

木通《あけび》の花

美しい若葉をつけた、木通の花が咲いています。

蔓《つる》にぎっしりと花がついた当たり年は嬉しいもの。

思わず顔が綻んでしまうほど花のかたちは可愛らしいのに、色はえんじ色で渋く。

花にも増して美しいのが、光を透かし、萌葱色をした葉。冴え冴えとした色は、眺めているだけで、心をすっと清めてくれるように輝いています。

蔓の行方を辿り、仰げば、高い木の幹や枝に巻きついて、どこまでも高く登っていきます。

秋になれば、ころんとした豊かな紫色の実をつけるので、それを心待ちにしながら、はじまる一年に思いを馳せます。

石楠花《しゃくなげ》

石楠花の蕾が、天を向いて力を蓄えています。
四月八日のお釈迦様の誕生を祝う日に花を飾る習わしがありますが、石楠花の蕾や花を掲げるところも。その土地によっては、田の神やご先祖様をお迎えするという意味も見られます。

石楠花を捧げるのは、ひとつの蕾から十二の花を咲かせると考えられているからで、その年、一年（十二ヶ月間）の願いごとを叶える、という意味が込められています。

美しい葉と、品よくまとまった蕾をシャコガイに入れ、三方でお供えものに。シャコガイは沖縄などで、邪気を祓い、福をもたらす縁起ものです。

願いごとは、その時々のご時世に合わせた祈りを込めて。

華やかさはもちろん、いくつ咲くのか、数えるのが楽しみな花です。

ニワトコ

思い切り手を伸ばし、広がるように枝葉を伸ばし咲くニワトコの花が盛りです。

ニワトコは日本だけでなく世界中で、儀礼や祈りの花として知られています。セイヨウニワトコは、北欧では「不死の象徴」として。アンデルセンの童話には精霊の意味を含む「ニワトコおばさん」が登場します。日本では、邪気祓いとしての役割があり、門口に立てるなどしました。

写真のニワトコは、毎年、庭でふさふさと可愛らしい花を咲かせます。その時季は多くの人が、彼岸桜や山桜に夢中になり、宴を終えたその後。百花繚乱、咲き乱れる春の中で、楚々として咲くニワトコの花は、他の花に夢中になるうちに、うっかり見過ごしてしまうことも少なくありません。

この花が教えてくれるのは、生活のリズムを振り返ってみること。大切にしたかったもの、大切にすべきだったことをようやく見つけて、大事にできる——そんな空気が流れている時間軸の中に、ニワトコの花は咲いているように思います。

穀雨《こくう》

四月二十日頃

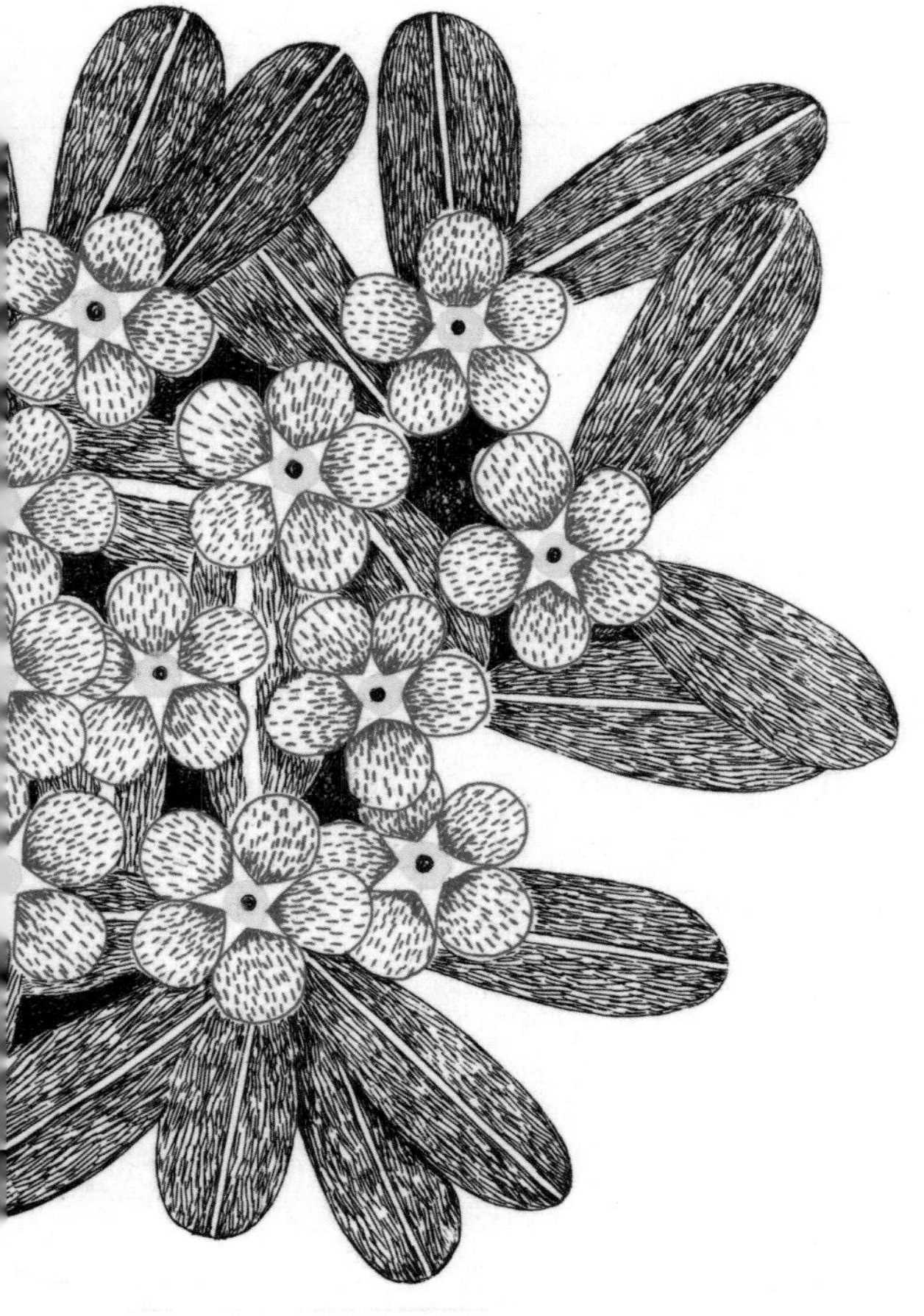

勿忘草

天から降る雨の力を授かり、ぐんぐんと植物の勢いが増していきます。

季節の舞台は、新緑の力強くたくましい、深く濃い緑のステージへ。

その一方で桜の季節から連なっていた花々の盛りは、ひと休みしているかのよう。相異なるふたつの力がはたらく時季となります。

穀雨は百穀を潤す春の雨が降る頃、という節気です。雨

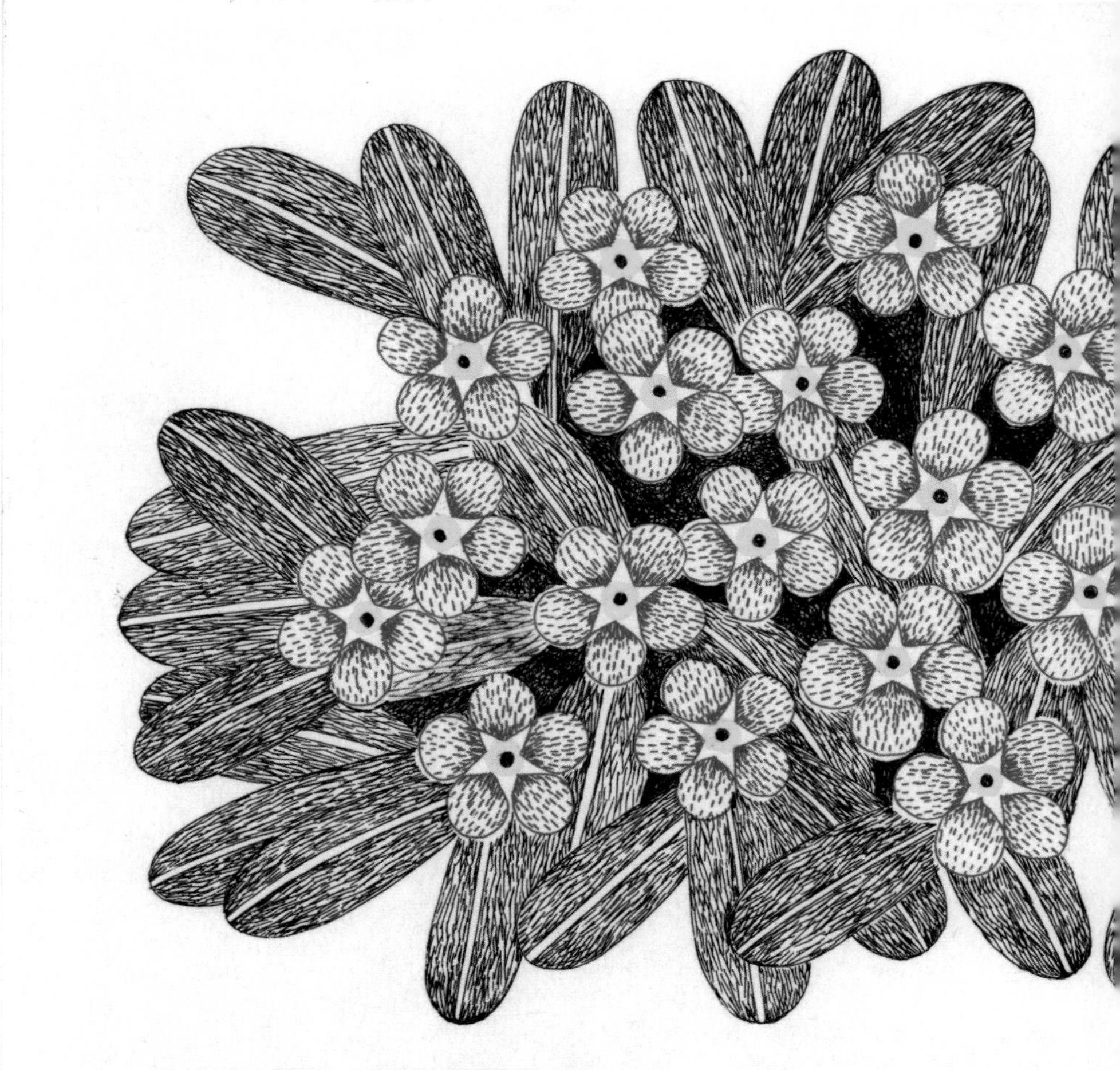

季のように雨が多いというよりは、ひと降りあるたびに驚くほど草木花は伸びる——。深い力のある恵みの雨が降る、そんなイメージです。

空を見上げ、雨に打たれているうちに、自分にも穀雨の滋養が降り注ぐように感じます。梅雨時や、冬の冷たい雨と比べてみると、同じ雨でも、さまざまな趣があることを知るには、うってつけの時季です。

桜の下で花見をしたり、百花繚乱の勢いに酔いしれたりするような日々もひと休み。

華やかで、蝶が飛ぶような軽やかな世界から、しっとりと鎮まる世界へ。

季節は大きく移り変わっていきます。

穀雨のこと

葉桜も過ぎて、花々の勢いも一旦小休止。初夏の間までの時季は、新緑のパワー一色に世界が覆われていくようです。

ただ、新緑とひとくちにいっても、緑色にはさまざまな種類があります。

たとえば、萌葱色、翡翠、青緑、山鳩色、利休鼠《りきゅうねずみ》、若草色、苔色、常磐色など、日本の伝統色で新緑を数え、緑系の色をあたりで探してみると、本当に多くの色が見つかります。

大自然でなくとも、都会の街路樹の葉色も種類により異なっているから、多くの色を探すことができるはず。桜を見上げて歩いたように、多様な緑色の中で暮らしていることを感じて歩けば、新年度の疲れも気負いも、少しゆるやかになっていきます。

多様な緑色を分けて観る、ということが意外に難しいので、はじめは自分の感覚に戸惑いがあります。世界をざっくりと大まかに眺めているからでしょうか。丁寧にひとつひとつ、さまざまな緑色を見分けるのは難しいのです。

あらゆる世界の中にある多面的なことに気づく力をつける――。

そんな機会になるのではないかと思いを巡らせて、さわやかな風に促されながら、さまざまな緑を観る試みに毎年チャレンジしています。

ツツジ

新緑の勢いに押され気味な時季は、芯の強そうな花々に目が留まります。

この時季の芯の強そうな花といえば、ツツジ、シロツメクサなどなど。風に吹かれても、踏まれても、びくともしない花々の登場です。

一般的に、花には「儚げ」という印象が強いのかもしれませんが、それぞれに違う性質のようなものを感じます。そういう意味でいえば、この頃の花々にはどこか頼りがいがあります。

新緑の時は、木の芽時とも呼ばれ、疲れている時は、休まず旺盛に伸びる草木の勢いのすさまじさに、人間も圧倒されてしまうような力がはたらく時。

そういう時には、芯があり、踏まれてもびくともしない草花を眺めて、力をお裾分けしてもらいます。

シロツメクサ

シロツメクサはアイルランドの国花。オランダゲンゲという別名も。

日本の国花が凜とした菊と桜であるのに対して、なんと可愛らしさにあふれていることでしょう。

その名の由来は、江戸時代、オランダ人が箱詰めをするときの梱包材だったのだとか。そこから種がこぼれて日本中に広がったのでしょうか。

この話を思い出すたびに、一度、荷物を送る時の詰めものに使ってみたいと思いを巡らせています。その時のために庭に種をまいたものの、もしかすると誰かの庭に種を落としてしまうかもと考えるとためらってしまい、いまだ実現したことがありません。

オランダから旅をして渡ってきて、遠くの地に花を広げたシロツメクサの花。じわじわと辛抱強く広げていく力、見習いたいと思っています。

小手鞠《こでまり》

小手鞠の時季が、そろそろ終わりに近づいて、大手鞠の季節へと変わりつつあります。

なごりおしく思いながら、短めのひと枝を片口に入れてみると、小さな紫陽花のようにも見えてきて、もうひと月ほどしたらやってくる梅雨を思う時間になりました。

小手鞠の名前の由来は、丸く咲く花を小さな手鞠にたとえたもので、中国原産で古い時代には、鈴《すず》懸《かけ》と呼ばれていたのだとか。

手鞠のような白い花とは来年の春までお別れですが、秋になると染まる葉の色も素敵。一年を巡る季節の楽しみを教えてくれる植物のひとつです。

山桜《やまざくら》

染井吉野に続くように咲き出すのが山桜です。近くで見ると花は真っ白で、まさに清浄そのもの。静かに眠っていたような山々が次々と、山桜の若葉と花に染まっていく様を眺めていると、昔の人が桜に聖なるものを感じていた気持ちが伝わってくるようです。

植物療法士の方に、河津桜や、大島桜、そして庭の山桜の蒸留水を採取してもらったことがあります。道具は江戸時代にも使われていた陶器のもの。桜餅のような香りや、種類によっては柑橘が入り交じるような香りなど、同じ桜といえども蒸留水の香りには、思いのほかそれぞれに特徴があります。

中でも庭から採取したての山桜の蒸留水は、勢いのあるフレッシュな香りで驚きました。

天道花《てんとうばな》

天道花は、お釈迦様のお誕生を祝うもの、あるいは田の神、山の神を迎えるための捧げものだとするところも。長い竹や、棒の先に時節の花を束ね、結び、天やお月様に空高く掲げて祈りを込めます。

このように長い竹や棒に草木花を掲げたり、灯籠を吊るしたりして、目印になるようなものを高いところに上げる習わしは、この時期だけでなく、お盆などさまざまな行事に見られるものです。

天道花は、近畿地方や中国、四国地方などで見られた習わしで、他の行事と同じように旧暦で行われていたものですから、本来の時期は一ヶ月から一ヶ月半先のことになります。当然、結ぶ花も今の季節とは違う花でした。

新暦の時期に行うなら、椿、山吹、シャガ、諸葛菜とさまざまな花が咲き出す頃となりますが、やはり、山桜、桜をお供えものとして掲げたくなります。

天道花の軸に、黒竹を使い、山桜を入れて。

黒竹は、筆や工芸品など、日本文化に由縁の深い竹です。

空に高々と上げるような気持ちで、山桜を入れ、実りと山の神への願いを込めて、稲穂を添えて精麻《せいま》で結びました。

天道花のつくり方

【材料】
細い竹
山桜の花枝など
旬の花
半紙
精麻

1 竹を適当な長さに切る。

2 竹の先端に山桜の花枝や時節の花を入れる。

3 半紙を巻いて精麻などで結ぶ。

夏

花菖蒲

立夏《りっか》

五月六日頃

見渡すたびに、萌える新緑が勢いを増し、濃い緑色へと向かう立夏。華やかな春の花で賑わっていた世界は緑色で埋め尽くされています。「新緑」は、全体を一望するようなことばですが、たとえば、眩しい光を向こう側に透かす柿若葉、繊細でやわらかな風合いだけれど、深みのある山葵《わさび》色の菊若葉などの名前に目を留めていくと、それぞれの草木の趣が手に取るように伝わってきます。

全体を包み込むような新緑のシャワーを浴びながら、ひとつひとつ真新しい草木の眩しさも味わう。両方の味わい方を大事にできればと思います。

葉の名前や眺め方ひとつで景色が変わる、新緑の世界にはいつも多くのことを教えてもらいます。

立夏のこと

穏やかな時、不安な時。さまざまに揺れるのが人の心。
一方、そうしたことに惑わされることなく季節や暦は淡々と過ぎて、揺るぎなく流れるものの価値を教えてくれます。
立春、立夏、立秋、立冬の四立《しりゅう》の中でも特に、立夏の訪れには毎年、意表をつかれてしまうもの。暦の上でのこととはいえ、もう夏がやってきたのだと驚かされるのです。
初夏の風、「薫風《くんぷう》」を待ち望みながら、朝夕に残る涼やかさ、そして清らかな空気が胸に染み入る頃。

特に気持ちがよいのは、新しい緑をたたえた草木花に格別な生気が満ちる、朝いちばんの鳥や虫が鳴く頃です。夜明けを知らせる鳥はその土地によりさまざまですが、私の住む場所では、今の時節ならウグイスやカラス。それほど長くは待たずとも、やがてホトトギスの声が聞けるでしょう。

そして、それはヒグラシへと変わります。

声を発しないはずの草木花も、明け方の時間帯にはどこかものいいたげで、つい耳を傾けたくなります。たまには、とびきりの早起きをして、この特別な気配に身体と気持ちを浸す時間をつくりたいもの。

この時間に感じる空気は何かと似ている、と思いを巡らせていたら、厳かな寺社や、聖地を訪れた時の空気だと気がつきました。

知らぬうちに疲れをためてしまうような流れにある時は特に、夜明けの気配や、草木花の息づかいを浴びて、ゆっくりと自分らしい素直な気持ちを取り戻したいものです。

杜若
かきつばた

五月五日は五節供の端午の節供です。現在は、こどもの日、あるいは男の子の節供として知られている端午ですが、時代によりさまざまな顔を見せます。

たとえば、日本書紀がつくられた時代までさかのぼると、この日は薬日《くすりび》といって、薬草を採る薬狩りの習わしが見られました。

「杜若で摺染《すりぞめ》にした狩りの衣を着て、山野で薬草を採る薬狩りの季節がやってきた」と大伴家持《おおとものやかもち》が歌を詠みます。

天を目指し、すっくと伸びる鮮やかな杜若で染めた当時の服とはどんな色だったのでしょうか。

「カキツバタ」という名前には、古来、この花汁を用いて布を染めたことから「書きつけ花」と呼ばれたのが移り変わった、という説があります。

菖蒲《しょうぶ》

菖蒲湯に使う菖蒲は、蓬と束ねて軒下などに吊るしたり、眠る時に枕の下に敷いて菖蒲枕にしたりして、無病息災を願いました。

根元の赤い部分に強い香りがあり、胃を丈夫にしたり、血行をよくする効能があることから、お酒につけて菖蒲酒をいただいたりもします。

シュッと尖った葉先を剣に見立て、邪気を祓うという意味も。菖蒲の音を「勝負」や「尚武」に通じるものとしたのは、戦いが多かった時代のなごりです。端午の節供に兜や鎧、旗を掲げるのも、同じように戦が土台になっています。

時代や社会、人々の暮らしに合わせて祈りのかたちが変わるものだとすると、現代の端午の祈りとはどんなものでしょう。

古来、さまざまに移り変わってきた端午の中で、長い年月を通じて変わらず使われてきた植物が、菖蒲です。奉書で包んで本麻で結び飾りにして。邪気祓いとして柱にしつらえました。

スイカズラ

甘い初夏の草花の香りを楽しむ方法はいろいろとありますが、私がいちばん楽しみにしているのは、スイカズラ水です。こどもの頃、この蜜を楽しんだという方も多いかもしれません。

花の進みが早い年、日当たりのよいところでは、早々とスイカズラの花が満開を迎えているものがあります。

白と黄色に彩られるこの花々は、中国では金銀花と呼ばれ、蕾を乾燥させて生薬として使います。

風邪やのどの炎症、腸炎等に効能があるといわれているこのスイカズラ、日本では薬草酒にした忍冬《にんどう》酒《しゅ》が知られています。これは七十五歳という当時にしてはかなりの長寿を保った徳川家康の健康法のひとつだったのだとか。

このスイカズラを手軽に楽しむ方法が、スイカズラ水です。

ミントの枝葉と一緒に花や蕾をミネラルウォーターに入れるだけ。初夏の飲みものにぴったりです。

山法師《やまぼうし》

山法師の花が咲いています。先がシュッと尖った頂点のある四枚の乳白色の花びらがなんとも素敵。赤く熟した果実は食べることができます。

四照花《やまぼうし》、ヤマグワ、イツキなどの別名が。山法師の名は、「山のお坊さん」という意味です。

真ん中の丸い花穂を剃髪をしたお坊さんの頭に、白い花はかぶる頭巾に見立てたのだとか。モデルは比叡山延暦寺の山法師で、武装した僧侶だそうです。可憐な花をどうして僧兵に見立てたのでしょう。

さまざまある由来のエピソードを手がかりに、山法師の純白の花色を愛でながら、昔の僧兵の存在に思いを巡らせています。

ツツジの薬玉

端午の節供のしつらいは、ツツジの薬玉です。

薬玉は、その名が表す通り、薬の玉。源流は中国から伝わったものが元になっています。身体のために薬草を摘み草した時代の習わしのかたちです。

香りがあるものを結んだり、旬の花の力をいただいたりする、やはり邪気祓いのかたち。

今回の薬玉には、ツツジに、古くから伝わる薬草の菖蒲を結びました。

ツツジは、ふだん歩いているおなじみの道で、毎年、大輪の花を咲かせてくれる花。きちんと目を向けることなく、素通りしてしまっていた花です。

花をいただくために近づくと、思っていた以上の華やかさ。あたりは蝶も蜂も喜び舞い飛び、楽園のようです。身近にありすぎて、見ているようで見ていない花。日々の中にもある、隠れた宝ものに気づく力を持てますように。

そんな意味も込めたツツジの薬玉となりました。

ツツジの薬玉のつくり方

【材料】
ツツジの花枝　菖蒲　麻紐など

1 ツツジの花枝を好みのかたちに束ね、麻紐などで結ぶ。
2 菖蒲の葉を束ねて麻紐などで結び、１と合わせて垂らすようにして結ぶ。
3 吊り下げるための麻紐を結ぶ。

小満
しょうまん

五月二十一日頃

複色のバラ

小満となり、夏へと進む道の途上。ふと気がつけば、ウグイスの音はよりいっそう朗らかに響いています。

よい香り、と思ってもあたりまえになれば嗅覚がはたらかなくなるように、音もあたりまえになると慣れてしまうのか、ウグイスの声も意識しないと聞こえなくなるようです。

初夏の花々の香りや、深まる旺盛な新緑の勢いに魔法をかけられたように、心躍らせ

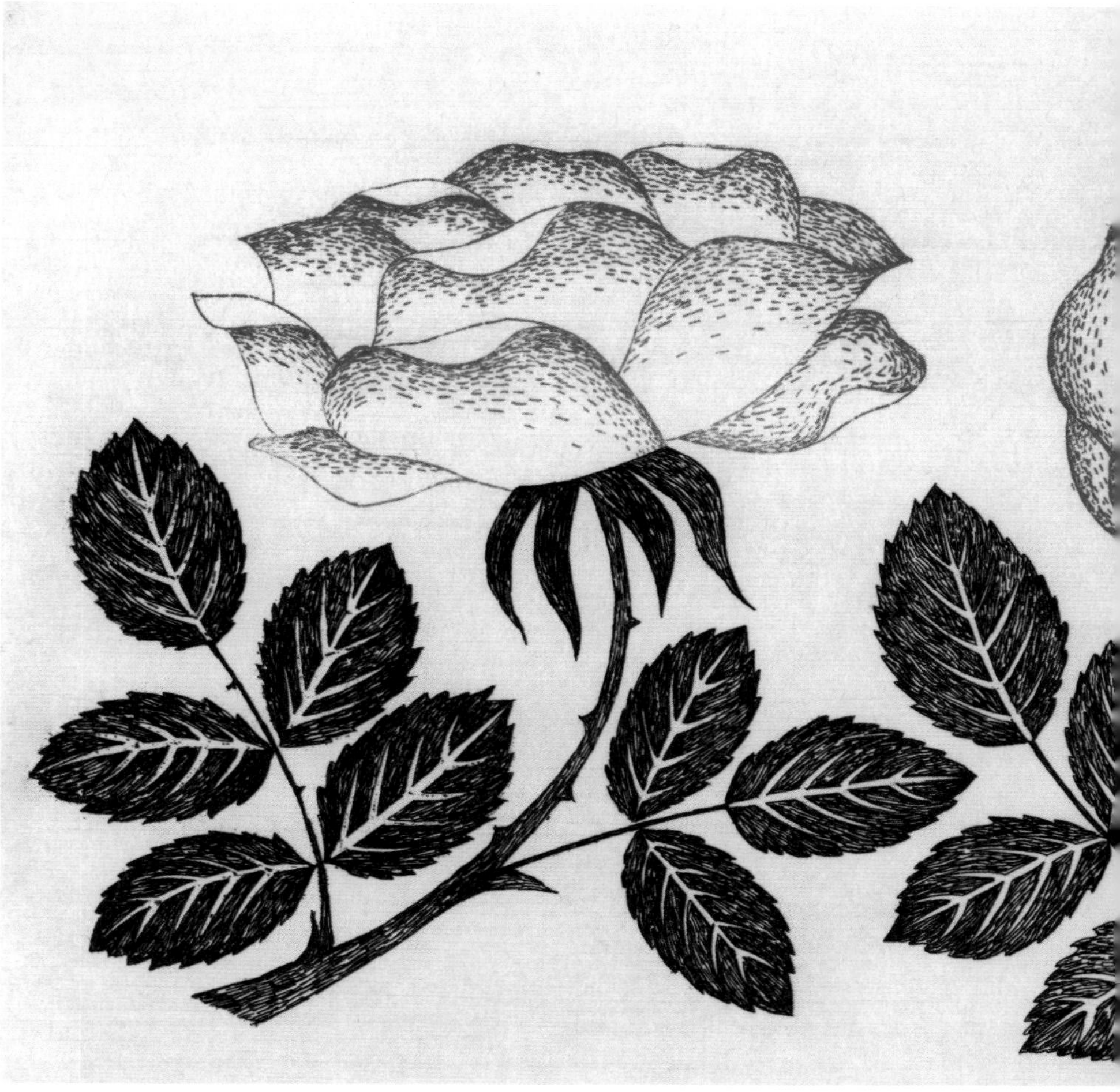

ていた春のときめきはすっかり胸の内から消え、遠い過去のものに。

春の勢いに疲れ、人間の感覚も小休止、というところにあるのか、小満の感覚は、なんとなく曖昧で、ぼんやりとしているようです。

そういう中で五感を研ぎ澄ましてみると、少しずつ湿度が高まっていることに気づきます。

ほんのりと潤いを帯びる空気を肌に感じながら、蛍の灯りを心待ちにする頃。蛍の光が現れはじめると、流れてくるのは草木花の甘い香り。

空気の甘みを味わいながら夜道を歩けば、まったりと趣のある空気が流れています。

小満のこと

春爛漫の花々に囲まれていた季節が新緑の世界へ移り変わるにつれて、浮かれていた気持ちも落ち着きを取り戻し、自分のペースで感覚をはたらかせる自由が戻ってきます。

連休明けでいつものリズムをつかむのに少し時間がかかり、景色を眺める余裕もなくなりがちな頃。それでも立ち止まり、空を振り仰ぐことを忘れずにいるなら、新緑の清々しさが胸の奥深くまで染み込んで新しい力を授けてくれます。

「教えを求める、尊敬する」という意味も持っている、この「仰ぐ」という身体の動き。「仰ぎ見る」ことで、確かに気持ちが整い、静まるような気持ちになります。

首を伸ばすことによって、自然と気道が真っすぐになり、呼吸が深くなることも大きな理由のひとつかもしれません。身体の動きによって気分が変わり、生まれる気持ちがあるのが人間の面白いところです。

気持ちが先なのか、動きや表情が先なのか、ニワトリと卵の話のようですが、どちらにしても、豊かになる身体の動きや表情と一緒に暮らしたいものです。ささやかな日々の身体の動き、そしてものの見方を楽しみたいと思います。

早くも湿度の高い日々がそろりそろりと近づいてきて、心地よい五月もまたたく間に過ぎていくことでしょう。

十字架の花

十字架をかたどるようなドクダミの花が一斉に咲きはじめました。

ちょっと可哀想なようなこの名前が使われはじめたのは江戸時代中期以降。それ以前の古名は「之布《しぶ》岐《き》」といいました。

生薬名は「十薬」。十の薬効、あるいは十の毒を消す、あるいは重要な薬草であるから、というのが名の由来という説があります。

目に飛び込んでくる純白の四枚の苞《ほう》が、十字架に見えてしまう私にとっては、音の通じるこの「十薬」という名がしっくりときます。

ことばの「音」の力は考えている以上にインパクトがあるのだということ、「言霊」の力を教えてくれる花でもあります。

十字架というと、キリスト教の象徴ですが、そもそも二本、あるいは数本の線が交差する「十字」のかたちは、キリスト教だけのものではなく、日本はもちろんのこと、世界中で古くから見られるシンボルです。

たとえば、アイヌでは互いに交差するという意味、

ギリシャでは太陽神アポロンのシンボル、ローマでは星の輝きを表すもの、メキシコでは世界の中心、生命の樹木を表しました。太陽、月、水、大地、復活と救済、繁栄、中心、統合などさまざまな意味があり、古代から伝わってきた原始的なかたちといえるでしょう。

ちなみに、鎌倉時代初期から続いた薩摩の名家、島津氏の家紋は十文字紋ですが、その白い十字架はフランシスコ・ザビエルを驚かせたようです。

さて、十薬の効能ですが、我が家では、虫さされの特効薬として、葉を揉むと出るエキスに随分とお世話になりました。

ただ、特有の臭みが苦手な人は、今まっさかりの花だけを摘んでウオッカに漬け込む方法をおすすめします。漬け込んでいるうちに薄茶色になってしまうけれど、花びらが華やかなガラス瓶を眺めながら、できあがりを待つ時間が楽しい薬です。

椿の実

二十四節気の小満は、万物も陽気に満ちて、たくさんの草木が実をつけはじめます。ビワの実は青々と。柑橘類の実、野薔薇の実も可愛らしく結びはじめます。

中でも、ひときわ瑞々しいのは椿の実です。力強い葉とフレッシュな葉の両方に支えられながら、椿の油をたっぷりと蓄えている最中です。

季節は、あとひと月もたたないうちに雨季へと進みます。

この頃は、薬効の力が凝縮され強くなる草木花も多くなり、人間の身体と心が、厳しい夏の暑さにそなえることができるよう、まるで手を差し伸べてくれるかのよう。

自然のはからいを、他の季節より強く感じる季節です。

鎮花《ちんか》の花笠

花が散り、舞う花びらにそって、災いや病が広がるのを鎮めるために行われるのが鎮花祭。さまざまな鎮花祭がありますが、京都中心地から北東に離れた出雲大神宮で行われる鎮花祭では疫病と旱魃《かんばつ》を鎮める神事が千年あまり続いています。

その後、奉納される出雲風流花踊りでは、桃の節供、七夕、菊の節供など一年の行事ごとの草花を配した花笠をかぶった男衆が歌い、静かに、そしてリズムよく踊ります。

写真のしつらいは、この鎮花祭の踊りをモチーフに花笠を使ったもの。春の花々が散り、いのちを次に転換していくことに慈しみを込めました。

新緑とともに、蔓はぐんぐん手を伸ばす時季です。その蔓の勢いと、力強いツツジの花色を真っすぐの一文字笠の上で躍るように添えてみました。

浜昼顔《はまひるがお》

夏の気配は、海辺にあります。

砂浜では、落ち着いた色の浜昼顔の出番。ぎらぎらと照る太陽に夏の気配を感じながらも、穏やかで優しげな花の中に、春のなごりを懐かしむ――。

浜昼顔のおかげで、両方の季節を味わいながら歩くことができます。

毎年、春になると砂からすっと顔を出す二枚葉の新芽は、見つけると、つい微笑んでしまうような可愛らしさがあります。

でもその後、いつの間にかあたりを覆ってしまうような勢いで茎を伸ばし広がって、花を次々に咲かせる姿は、同じ植物とは思えません。

日本だけでなく、遠くユーラシア大陸、北アメリカ、南アメリカ、オセアニアの海岸まで、海流に乗り、世界中に広がっています。

淡々といのちを広げ、穏やかな色で咲く浜昼顔。習いたいこと、学ぶことが多くあります。

トキワツユクサ

三角形の小さな白い花。山の斜面をびっしりと覆うように咲いています。

青いツユクサと同じ仲間だけれど、花の形も色も違います。

はるか遠く原産地の南アメリカからやってきて、日本に到着したのは昭和初期。

自宅のそばでもすべての斜面を埋め尽くしてしまうのではないかと心配になるほどの勢いで、日陰をものともせずに広がっていきます。

ちなみにトキワツユクサの名前の「常盤」ということばは、地名や人の名前にもよく見られます。その意味は、常緑樹の葉や大きな石がその色を変えないように、常に変わらない様子や、永久に変わらない不変の様を表しています。

芒種《ぼうしゅ》

六月六日頃

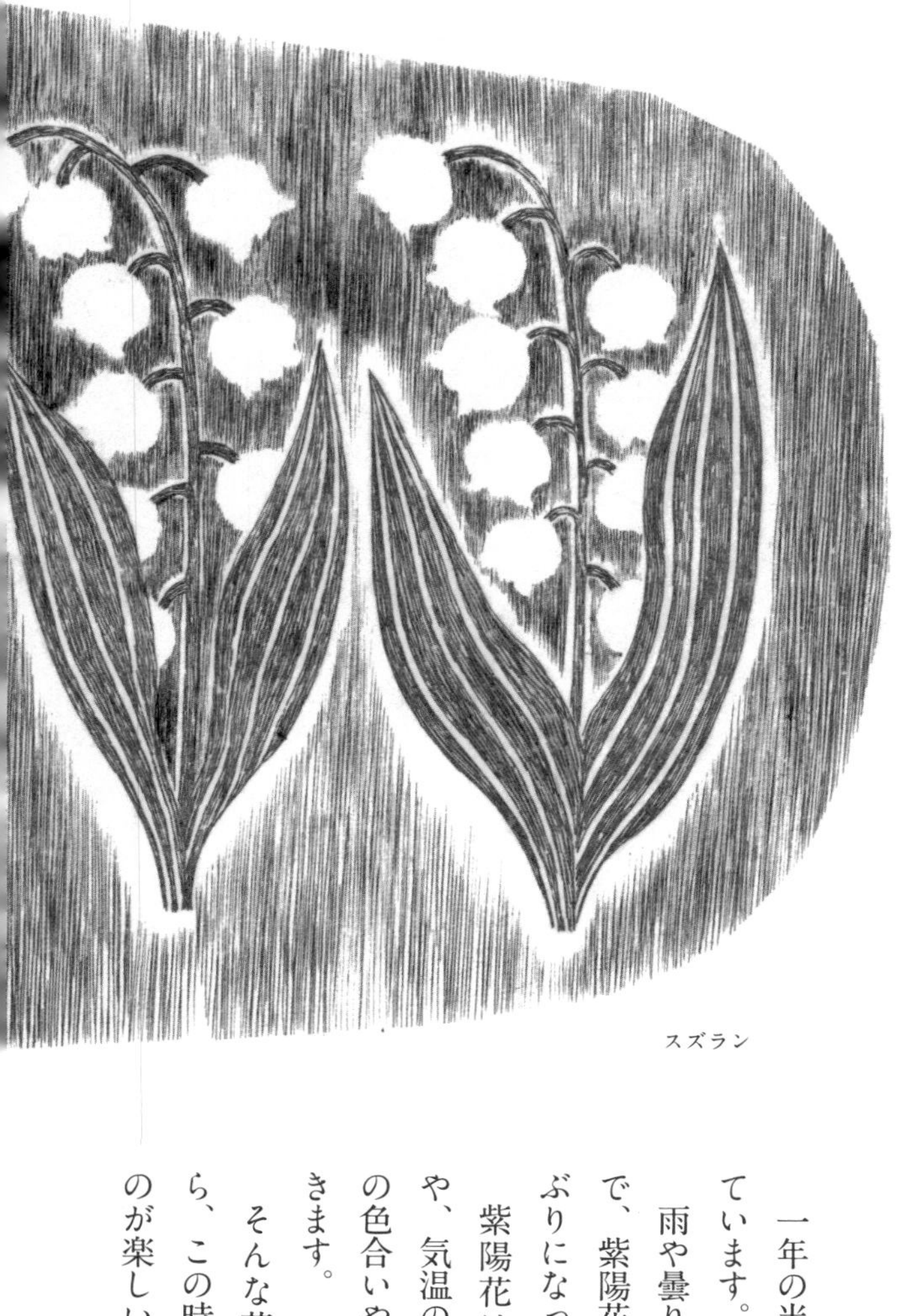

スズラン

一年の半分が過ぎようとしています。

雨や曇りの日が多くなる中で、紫陽花が色づき、花は大ぶりになっていきます。

紫陽花は育った土の違いや、気温の変化によって、その色合いや大きさを変えていきます。

そんな花が咲いているから、この時季、雨の中を歩くのが楽しいのです。

自然のままに生い茂る草むらを眺めていくと、よく目に留まるのが、すらりと背を伸ばし、ススキのように頭を垂れるイネ科の植物たちです。

イヌムギ、カモジグサ、カラスムギなどなど、電車の窓からのぞきこめば、線路際などで風に揺られているのが見えます。

このイネ科の植物にある突起のことは「芒《のぎ》」と呼ばれていて、さまざまな種類の芒を目にするたびに、六月の二十四節気、芒種の中にその文字があることを思い出しています。

だんだんと潤いを帯びていく季節の中で、芒のある草は軽やかに揺れています。

芒種のこと

小満よりさらに夏へと近づいていきます。

芒種は、芒のある稲などの種をまく頃、という意味。稲の種まきとはいっても、昔と比べて田植えが早まっていることから、二十四節気の中でもイメージしにくいことばだと思います。

七十二候に目を向けてみると、六月五日までが「麦秋至」。やはり同じ芒を持つ植物、麦の収穫の時となります。

実りを迎えた秋を思わせるような黄金色が広がっていて、初夏の青空と、まるで秋のような景色の取り合わせに心が動きます。

夏に近づきつつも、季節の勢いはまるで手をゆるめたかのようなリズムです。小満から芒種へと進むうちに、季節の流れはさらにゆったりとしてきます。

空気の潤いが増すごとに、軽やかな季節からどっしりとした季節へ。厚い雲や低くなる空が、人の気持ちを内側へ内側へと導きます。

太陽が恋しくなった時には、梅の実やビワの実など、さまざまな植物が実を結んでいくのと歩調を合わせるように、色を眺め、時に食すことで力を借りて。

開放的な夏を迎える前に、静かな季節をたっぷり堪能しておきたいと思います。

栗の花と稲

旅の途中で田んぼに出会うとほっとします。日本人の主食をつくってきた大切な場所だから、田んぼにまつわる儀礼もさまざまです。

今回は、田の神様をお祀りする水口祭《みなくちまつり》にちなみ、小さな稲を立て、栗の花と葉を添えてしつらいとしました。

実際の水口祭では、田んぼの取水口に神様の依《より》代《しろ》として栗やツツジ、椿などの枝を立てるところも。

今、ちょうど栗が花盛りを迎えています。

木に咲いている時は地味に見える栗の花。部屋に持ち込んでみると、まず、その香りに圧倒されます。

花姿も原始的な雰囲気を醸し出していて、迫力満点。縄文時代から生き続けてきた栗の木の底力が伝わってきます。

ネズミモチ

桜や椿のようにおなじみの木ならともかく、木を見分けるのは至難の業です。ただ、花が咲いたり実がなってくると、目印になることがあります。私にとっては、ネズミモチの木がそのひとつ。花のかたちとその香りで木のありかを知ります。

幼い頃、初夏にどこからともなく漂ってくるネズミモチの香りが大好きで、近所にあった木のありかを今でもよく覚えています。三浦半島に越してきてから、しばらくは近くにあることに気づかずにいたのですが、やはり花と香りが目印になってくれました。ぽろぽろと道にこぼれる小さな花も香りも、昔好きだった時と一緒。一気にタイムスリップしたような気分になったものです。

以前、ポルトガルを訪れた時、三浦半島と同じ植物を見たことがあります。遠く離れたところで同じ植物を見つけると、気持ちが混じり合い、日常とは違う不思議な感覚に包まれます。

さて、ネズミモチは花の後になる濃い紫色の可愛らしい果実にも趣があります。不老長寿の生薬とも考えられていました。秋の実りが楽しみです。

旧暦の端午

新暦の端午の節供はとうの昔へ過ぎ去り、過去のものとなる頃。

古来の端午の節供の季節がやってきます。日本ではまさに梅雨に入るかどうか、といった季節の分岐点。現在、行われている端午の節供の初夏とは大きく異なる季節です。

今回は、長い年月にわたり行われていた旧暦の節供に合わせた今の時季の花をあしらい、薬玉をしつらいました。

見事な石楠花と残り花のツツジは、北の北海道からいただいたもの。長く垂らした菖蒲は、西の浜松から。

東西南北に幅広い季節が展開する日本の季節感の奥行き、幅の広さを盛り込む、そんな薬玉になりました。

のぼり藤

天を目指し、すっくと立ち上がるような姿があまりに見事で、北海道から連れ帰りました。

まるで蕗のような空洞の茎で、水揚げはどうかしら、と心配しました。さすがに気温と湿度の差に体力を使ったようで、先端の花を少し落としましたが、ほぼきれいな姿のまま。はるばる越境してくれました。

長い間、ルピナスと覚えていたのですが、「のぼり藤っていうのよ」と母に教えてもらってから、より親しみが湧くように。なるほど、山の端や棚に垂れて咲く藤を逆様にしたように、空を目指して咲いていきます。

ことばや名前の放つ力は大きいもの。藤の花を思い浮かべながら眺めれば、のぼり藤の姿は、ひときわ輝きを放っているように見えてまいります。

ビワ

裏山のビワに実がなります。たわわによく実る年もあれば、色づく前に実を落としてしまう年も。

毎年、不思議なのは、同じ道沿いにあるビワの木々の実のなり具合が、一様に同じであることです。

大地に広がる根で私たちに聞こえない会話をしているのでしょうか、それとも風が伝えるのでしょうか。

とにかくその年ごとの実なりは同じことが多いのです。

ところがある年、山影をのぞいてみると、他の木とは違うなり方をする木があります。その年は多くが実りを落としている年でしたが、その木だけが枝いっぱいに実をつけているから、輝いて見えます。

他の木とは違う道を歩いている木。心引かれるこの木が、次の年はどんな風に実をつけるのか気になるところ。見守っていきたいと思います。

それにしてもビワには、長い年月、本当にお世話になってきました。葉を刻み、煎じたものを虫さされの薬に。夏は暑気払いの入浴剤にしたり。よく焙《ほう》じて煮出すと、甘みのあるお茶になります。

中でも濃厚な果物のような風味があるのが、ビワの種チンキです。実ったもの、実りをとげず落ちた実と両方合わせて、種を取り出します。

香りよいチンキにするためのコツは、ナイフなどで種にちょっと傷をつけること。あとは瓶に入れてホワイトリカーにひたせば、一ヶ月もしないうちに、芳醇な香りのチンキができあがります。

ビワの種チンキのつくり方

【材料】
ビワの実
ホワイトリカー

1 ビワの実から種を取り出し、洗って乾かす。
2 包丁を使って種に傷をつける。
3 2を消毒済みの瓶に入れて、ホワイトリカーを注ぐ。
一ヶ月ほどでいい香りのチンキができあがる。

額紫陽花

夏至《げし》

六月二十一日頃

六月のもうひとつの二十四節気は、一年でもっとも昼が長くなる夏至。

夏至へと向かう道すがらには、桑や茱萸にビワ、梅などが熟し、実りの時を迎えるものが多くあります。厳しい冬を越し、春の道を通り、初夏を越えて、ようやく迎えた実りです。

着々と実りへと向かう草木

花の力をいただいて、新しいアイデアや小さな決意をあたためて、これからはじまる半年を歩いていくための手がかりや手応えを確かめます。

　何より大事なのは、どんな小さなことでも自分の中にある実りを見つけたら、あたたかくそっと抱きしめて、きちんとひとつひとつ喜ぶこと。これが意外と難しいのです。「嬉しかったね、はい、次は何かな?」と、じんわり気持ちを感じる間もなく、つい、先へ先へと進んでしまいがちです。

　雨に濡れ、ひとつひとつ見事な色を見せる紫陽花に時折、指南してもらいながら、自分らしさを大切に歩くことにしています。

夏至のこと

昼がいちばん長く、夜が短いのが夏至の頃。

いつの間にか遅くなった夕暮れにある日気づいて、季節の進みに感じ入る、誰しもそんな瞬間があることでしょう。

不思議なことに、昼が長いと得をしたような気分になるものです。ついつい、寄り道して外にいる時間も長くなります。

一方で、太陽が頂点を迎えたということは、これから季節は冬至へ向かう道へと転じるということ。十二月の冬至を思うには、まだまだ気が早く、遠い道のりではあるけれど、太陽は少しずつ高度を下げていきます。

地上ではこれからが夏本番というのに、すでに天上のピークは過ぎ去ってしまう。もう昼が短くなっていくだなんて、なんとなく腑に落ちません。ちょうど日本の夏至は梅雨真っ最中となり、季節は少し足踏みをします。

ヨーロッパの国々では、盛大で明るい火祭りなどの夏至の祭りが見られます。古代中国から伝わる陰陽の考え方では、夏至はまさに陰と陽がぶつかり合う不安定な時季。

この節目には悪いものや災いなどを引き寄せやすいから、それを避けるための邪気祓いや呪いもさまざまなものが見られます。

日本では夏至のことを「チュウ」と呼び、半夏生と合わせて田植えの時の目処としたところがありました。夏至をお題にした行事や習わしは多くはないのですが、大切な田植えの前、あるいはお盆を迎える前に心身を整え、清めるなどする風習があります。

過ぎた半年を振り返り、やってくる新しい半年にそなえる。一年の大きな節目を迎える月です。

紫陽花

花の少ない時季ですから、やっぱり、まだまだ紫陽花から目を離せません。

我が家では、毎年しつらえる紫陽花守りですが、包む紙や紫陽花の種類を変えることで趣が変わります。

いつもは厚めの和紙に包むところを、今年は仮名用の半紙に。

ふわりふわりと揺らしてみると、舞うような動きのある、薄い軽やかな紙です。淡い色の紫陽花を選び包むと、かすかに透けて、繊細な紫陽花守りになりました。

色鮮やかで、パワフルな紫陽花の力強さには元気を分けてもらえそうですが、今回のテーマは「静けさ」に。

どんな時でも静かに揺らがず、自分の軸を大事にできますように。

そんな風に気持ちを整えていると、趣のある藍色に近い素朴な山紫陽花などに心惹かれていきます。

しつらいに選ぶ花は、その時の気持ちや心の内側を表すものなのでしょう。

彩りもかたちも種類が豊富な紫陽花のおかげで、自分の気持ちに通じる花色や趣を選ぶ楽しみが広がります。

クチナシ

甘い香りの花の季節はもう少し続きます。スイカズラの花は散りましたが、テイカカズラが可愛らしい花を咲かせています。

そして、そろそろ盛りを迎えるのはクチナシです。

クチナシは、クリームのようなもったりとした風合いの白色の花びら。香気は優しげな初夏のスイカズラと比べると、かなりインパクトのある香り。

一輪、家に持ち込むと、部屋中どころか二階まで香りが届いてしまうほど香りに勢いがあります。

昭和の『飲食事典』を開いてみると、肉厚の花びらをざっと茹でて和えものにしたり、刺し身のツマにする、と書かれています。

梅酢につけると紅色になり、味もよいとあったので参考にしてみました。

確かに色はほうっとするような美しさがあり、花にしては弾力があって食べごたえがあります。つくってすぐいただくと、やはり強い香りはそのままですが、一日置くといい塩梅になじみます。

花びらを食す楽しみ。季節のおつまみにどうぞ。

テイカカズラ

晩年、出家したという藤原定家《ふじわらのさだいえ》は、鎌倉時代の歌人・学者で、当時の文化に深い影響を与えた人物です。テイカカズラは定家が慕っていた式子内親《しきしないしん》王《のう》が亡くなり、その墓に蔓になって絡みついたという伝説を元にした謡曲、「定家」が名前の由来だといわれています。

ぐんぐん伸びては絡む蔓に、小さな風車のような花がつきます。遠くまで甘い香りを運んで広がり、梅雨の重みを軽やかに心地よく変えてくれるから、『古事類苑』に見るツルクチナシの別名がすとん、と胸に落ちてきます。

古い話では、天岩戸で踊ったアマノウズメが髪飾りにしていた「マサキノカズラ」は、このテイカカズラだったのでは、という説があります。

そばに近づいて見れば見るほど、ひねりの利いた小さな花と香りのとりこになります。

泰山木《たいさんぼく》

近所の友人の家には、立派な泰山木があります。毎年、木の上で見事な乳白色の大輪の花を咲かせます。なかなか間近に見る機会がなかったのですが、ひと花いただくことができ、願いが叶いました。

手の届かぬ木の上で花を咲かせるので、ふだんはかぐことの叶わぬ香り。

強い甘みのある、やはり六月の香りがします。花びらは厚みがあり、クチナシの花びらのような手触り。花の軸は南国の植物を思わせるような大胆なつくりです。

もともとの名は「大山木」と書いたようですが、「義は泰山より重く命は鴻毛《こうもう》より軽し」という詩にちなんで「泰山木」と呼ぶのを好んだ人がいたことにより、だんだんと定着していったのだとか。

茱萸《ぐみ》

茱萸がたわわに朱色の実をつけています。この実がなっていると、晩秋の菊の節供を思い出します。

邪気除けや、香袋として用いられることもあり、もともとは中国の風習から生まれたもの。ただ、中国で使っていた植物と日本で用いる植物は別だといわれています。

他の国から伝わり、時を経る過程で、意図せずして、あるいは意図して、別の植物になったり、違う意味をもったりする習わしは少なくありません。

初夏に実がなる種類の茱萸の木が庭にあるので、実が鈴なりになるのを見るたびに、晩秋の気分を思い出します。

すべての人がまだ遠くにある晩秋を、穏やかな気持ちで迎えられますようにという願いを込めて、瓶《へい》子《し》に茱萸の枝を入れたしつらいにしました。

朝顔

小暑《しょうしょ》

七月七日頃

小暑は、南から熱い風が吹きはじめ、大気は夏らしい気配に満たされ、次第に気温が上昇していくという頃。

約一ヶ月間にわたる「暑」の幕開けとなり、立秋の前日まで続いて、暑中見舞いの便りが届きます。

ちなみにこの季節の反対側にある季節のことばが冬の「寒」。

暑さがこれから強まる中で、あと半年後にやってくる冬に思いを馳せるのは難しいものですが、時折、季節や暦の流れを広い視野で眺めることで、気持ちの内側にささやかなゆとりが出てくるものです。

疲れた身体を労う時には、ゆったりとお風呂に入ったり、ストレッチしたりします。

それと同じように心やものの見方にも、ストレッチや体操の機会を。世界を広げていきましょう。

小暑のこと

「暑」の季節が広がる七月となりました。

七月には、前半の小暑と後半の大暑。大きく異なるふたつの季節が、ひとつの月の中にあります。

前半は、梅雨の真っ最中で、曇りや雨の日が多く、どちらかというと静寂な季節。後半は太陽がぎらぎらと照りつけるエネルギッシュな真夏のはじまり。

梅雨から真夏への立ち上がりには体力が必要です。そして、かなり極端なこの季節へのきりかえを、私たちは毎年繰り返し積み重ねています。違和感を覚えるようなできごとや出会いにも、気負わず向き合うことができる力を、私たちは蓄えているのではないかと思います。

七夕さん

今年も七夕がやってきました。

梅雨の真っ最中となるのが新暦の七夕。星空をのぞむのが難しいことも多いのですが、から梅雨の年にはどんな星空が見えるでしょう。

七月七日に見逃したとしても、旧暦の七夕を心待ちにして過ごします。

すっかり古代中国が由来の牽牛、織女の星伝説にまつわる習わしが一般的になった昨今。

その一方で、日本の多くの七夕の行事とはどんなものだったのかといえば、その中心にあるもののひとつはお盆の準備でした。

お盆（旧暦の七月十五日）の約一週間前にあたるのが七夕の時期。ご先祖様や祖霊といった大切な存在を迎える前に、災いや穢れをきれいにして準備し、整えておく期間でもありました。


笹飾りをした後、川や海に流すのは、そのなごりの習わしです。七夕さんなどの人形をつくるのも、災いや穢れを託し、身代わりになってもらう意味がある、と考える向きもあります。

さまざまな時代の祈りに思いを馳せつつ、奉書と色和紙の着物で形代《かたしろ》のような七夕人形をこしらえてみます。

実りや幸せをつかむための縁起物、半紙の投網《とあみ》を添えて、そのかたちは七夕舟に見立てます。こよりを用い、呪力があると考えられた小ぶりの笹竹に吊るします。

柔らかさ、風合い、薄さ、そして色味などなど、素材をどれにしようかと、和紙を見繕うのもいい時間です。

さまざまな色、そして風合いの飾りが風に揺れて、ゆるやかな空気が流れていきます。

梶《かじ》の葉

七夕の飾りもので代表的なもののひとつが梶の葉です。

梶の葉を使うのは「梶」が、天の川を渡る舟の「舵」と同じ音だから。源流を辿ると万葉集の中に、その由縁が見えてきます。

万葉集に登場する七夕の歌は一三二首。梶にまつわる歌も登場します。

「天の川、楫《かじ》の音聞こゆ　彦星と織女と　今夜逢ふらしも」

――天の川から楫の音が聞こえます。彦星が舟を漕いで織姫と今夜逢いにいくのです。

万葉集は、七世紀後半から八世紀につくられた現存する日本最古の歌集。

ほかにも、

「天の河とわたる舟のかぢのはに　思ふことをも書きつくるかな」

（十一世紀末の『後拾遺和歌集』）

「星逢の空を詠めつつ、海士人戸渡る梶の葉に、思ふ事かく旬なれや」

（十三世紀の『平松家本平家物語』）

など、さまざまな時代の歌の世界に登場します。

当時の梶の葉は願いごとをつづるための葉。現在、紙の短冊に願いごとを書くのと同じような使い方です。

さて、今の時季の梶の木は、ぐんぐん背を伸ばし、葉をこんもりとつけています。

墨で祈りのことばや和歌を書くのもよし、書かずに胸のうちで願いごとをあたためてもよし。

少なくとも、梶の見立ては千二百年ほど前からあるインスピレーションです。続いてきた時代の長さを受け止めながら、梶の枝に紙垂《しで》をしつらい、花器に入れました。

七夕花扇

たなばたはなおうぎ

七夕のしつらいのひとつに「七夕花扇」を。

七夕に七種の草花を束ね、檀紙に包んで縁起のよい末広がりの扇形にして、宮中に献上したという華やかな習わし。

床の間や鴨居に下げて飾った後は、池の水に浮かべ、星に手向けたのだとか。

今回はその古の花扇をモチーフにして、時節の花々でこしらえました。

用いたのは、立てる音などにも邪気を祓う力があるといわれる笹、星のかたちをちりばめたような檀《まゆみ》の花。そして扇形の葉を持つ姫檜扇水仙《ひめひおうぎずいせん》に、七草にちなむ撫子《なでしこ》の花などを重ねていきます。

花に託した祈りが、どこまでも扇のように広がっていきますように。

七夕花扇のつくり方

【材料】
笹
撫子
姫檜扇水仙
檀
マサキ
奉書
精麻

1 土台にする笹を扇形になるようにして置く。

2 ひと束に結べるように、それぞれの花枝の長さをカットし、1の上に植物を種類ごとに並べ置いていく。

3 奉書で草木花結びなどにして包み、精麻で結ぶ。吊るすための精麻を結ぶ。

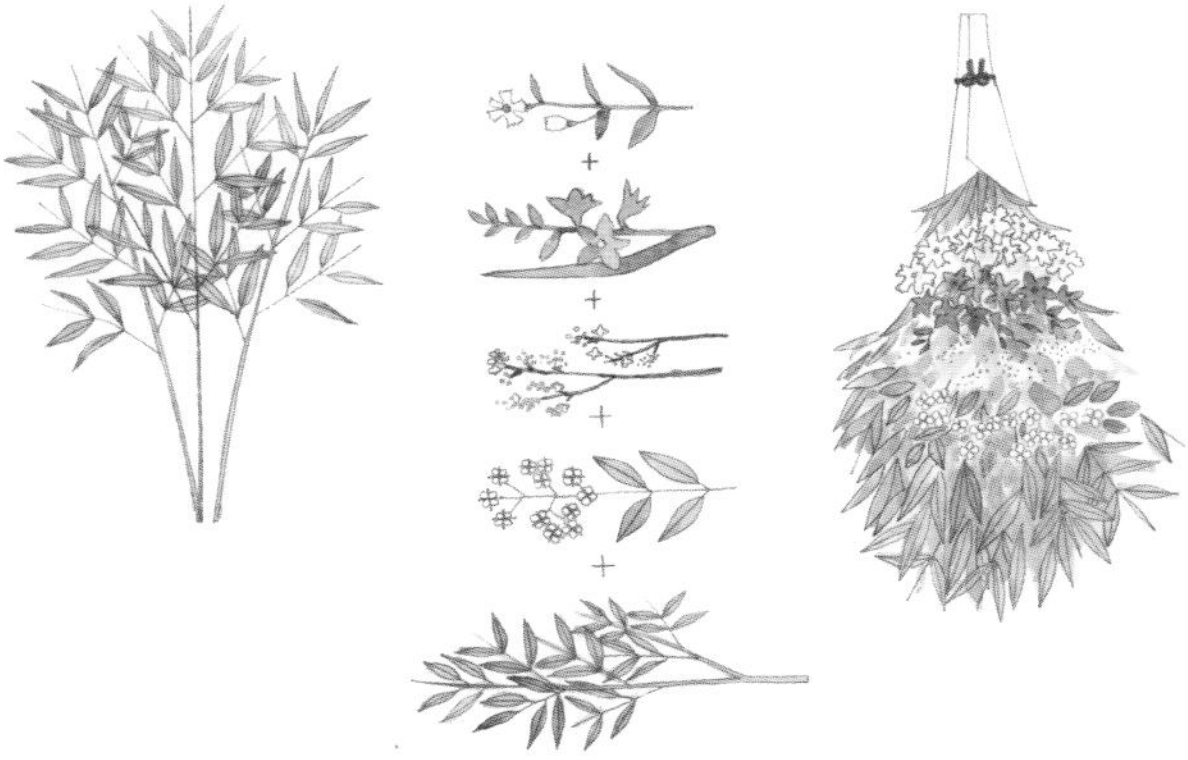

蓮

大暑《たいしょ》

七月二十三日頃

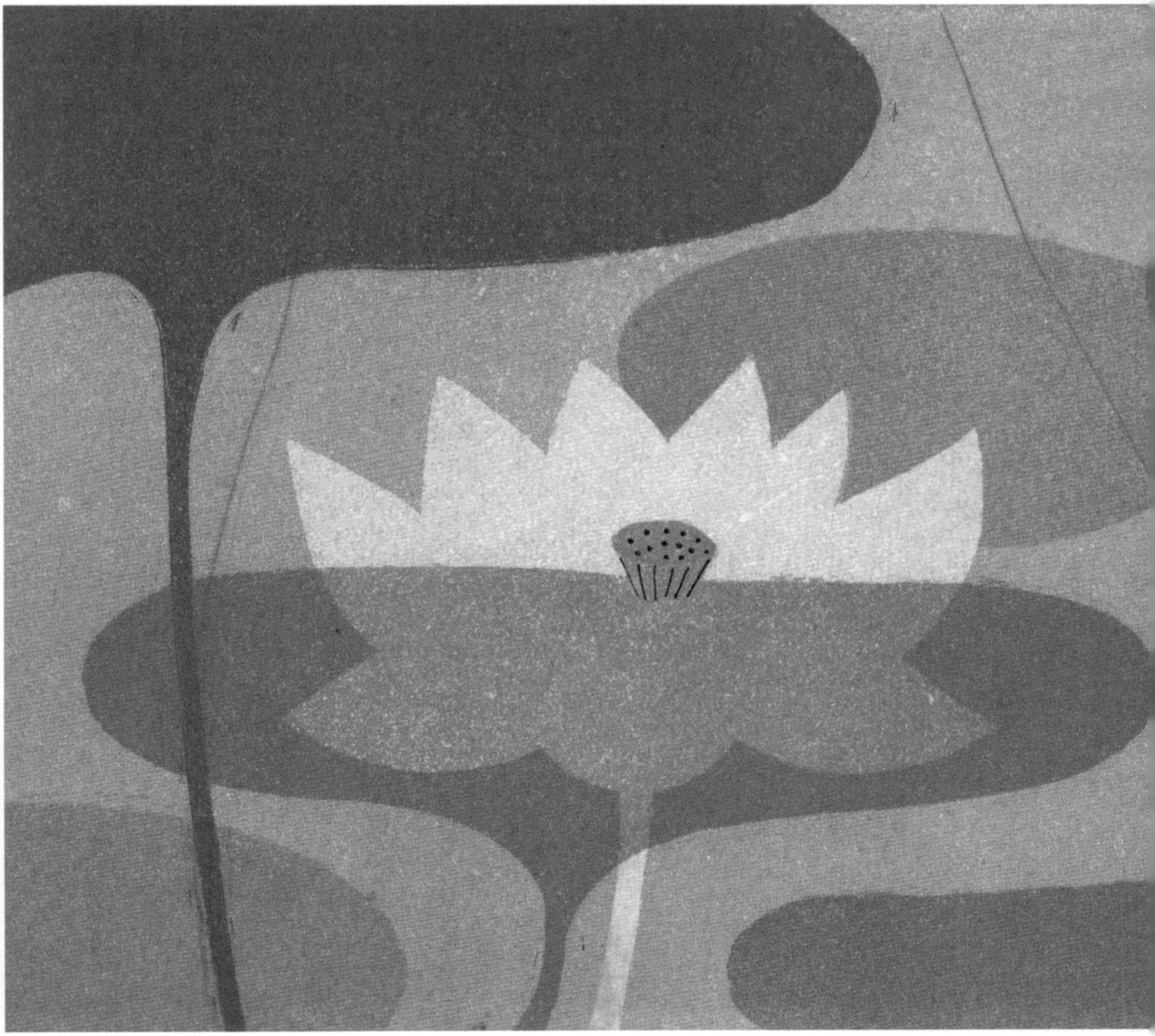

小暑から続く「暑」の真っ最中。入道雲も湧く暇もなし、というような猛暑が続いて、一年でもっとも暑いといわれている節気、大暑を迎えました。

暑い日が続きぼーっとする時間も多くなり、シエスタが必要な国になってしまいそう。ラジオからは、「今日もいのちにかかわるほど気温が高い」と、聞こえてきます。

こうなってくると暑気払い、と呼ぶには少々、生やさしい。もっと強い表現、たとえば「暑気封じ」「暑気除け」というような、神だのみ的なことばがしっくりきます。

今、盛んに行われている夏祭りにも、もともと暑気除けの意味が込められていました。そんな古の人々の気持ちや暮らしをよりいっそう身近に感じる真夏がやってきます。

大暑のこと

水鏡が見えていた田んぼでは稲がすくすくと育ち、青々とした色に。背を伸ばした稲は風に踊り、夏のはじまりらしい景色が広がっています。稲はあとひと月ほどで迎える花の時季を前に、着々と準備を整えています。日本人なら誰もが懐かしさを覚える田んぼは、多様ないのちが通い合い、たくさんの祈りや思いが生まれ、花が咲き、いのちの生まれる場です。

春のウグイス、初夏のホトトギスと続けば、私の住む地域では、次に心待ちにしているのが、ヒグラシの音です。なかなか鳴かないなあ、としびれを切らすような年は、森の影からカナカナカナ……と聞こえてくると、飛び上がるように嬉しいもの。

初音の頃からしばらくの間は、彼らの声が聞こえるたびに、シャワーを浴びているかのように全身で音を味わい、耳を傾けます。懐かしい思い出や景色が蘇り、忘れていたものを呼び覚ます――。ヒグラシの音にはそんな不思議な力があるように感じています。

それも季節が真夏へと進んでいくにつれて、やがてなにげない日常の音に。いつの間にか魔力は消え、暮らしの中に溶け込んでしまいます。

あたりまえになり、世の中の一部になった音に気づくのは、時間がゆっくり流れている時や、自分や人を大切にしたくなる思いに包まれる、ほっとひと息ついている時。消えたように見えたのは、ヒグラシの魔力ではなく、自在に動く自分の感性なのかもしれません。

暑さ除けの花供え

私は北国生まれで、もともと暑さが苦手なので、さまざまな暑気除けを試みます。
そのひとつは夏の花供え。器は、濃い緑色に包まれる草木が多い中、ひとりだけ涼しげな色をして揺れている芭蕉の葉を使います。
切ってもすぐに生えてくる竹のように、天に向かってぐんぐん伸びる芭蕉の力。そんな力を私もいただけますようにと願いつつ、ハサミを入れていきます。

真っすぐな気持ちを心がけたい時は四角いかたち、華やかにたくさんの花を盛りたい時は包み込むようなかたちにします。

花を添えていると、バリ島の花のお供えチャナンや、京都のある町の道端に置かれるお盆の花のお供えものなどを思い出します。場所や時代は違えど、花に込める人の祈りは同じ。多くの人が同じような気持ちで花と時を過ごしてきたことでしょう。

時節の花は、一日花の木槿や、涼しげな桔《き》梗《きょう》、手の届かない山の上の方から風にのって落ちてきた葛《くず》の花びらや、ボケの実、檀の実などなど。気負わず、気持ちの赴くままに花や実を集めて添えます。

もちろん生け花と違い、水に挿すわけではありませんから長くは持ちません。

このひと時のためだけに、花や実を見繕い、取り合わせを楽しむ。日々「効率よく、コスパよく」というような心のはたらきが求められることの多い社会の流れの中で、あえてこういった時間を過ごすことに大事な意味があります。

手を動かし、ほんの一瞬でも流れる時をとどめ、かたちが消えてしまうものに気持ちを向けて。

忙しいからできないという思いがよぎる時もありますが、そういった時間を持つことが、かえって日々に余裕を生み出します。

花氷《はなごおり》

暑い日には、つい炭酸水などに手が伸びがちですが、美味しい水は何よりの贅沢。身体の調子もふだん飲んでいる水質により、変わるものではないかと思います。

夏の水の楽しみのひとつは、花と水を凍らせた花氷です。色とりどりの花で氷をつくります。

製氷機から出し、溶けていく氷の様子を眺めながら、優雅な邪気祓いを。

金魚草などのエディブルフラワーや、ミントなどのハーブでつくり、飲みものに入れて愉しみます。

浜木綿《はまゆう》

以前住んでいた方が植えたのか、我が家の玄関を開けると、いちばんに目に飛び込んでくる位置に大きな浜木綿が咲いています。

大きく長い葉や茎を伸ばし、凛として存在感たっぷり。花は王様の冠のようにも見えます。

古くは柿本人麻呂が歌に詠み、清少納言はお気に入りの草花の四番目に名を連ねます。

ひらひらと提げたような白色の葉梢《ようしょう》が、神様への捧げものであった木綿《ゆう》を思わせるからというのが名前の由来のひとつ。ちなみにこの木綿は、しめ縄などにつける紙垂の源流でもあります。

家の扉を開け、外へと向かうはじまりに、真っ先に目に入る浜木綿。

いつも自分らしくどっしりと輝く姿に、その日一日を大切に過ごすための力をいただいてきたように感じています。

ネムノキ

ネムノキの花枝が手に入りました。身近にあるものの、木の上で咲く花だから意外と花枝を手にする機会は少ないもの。

いつも歩いている道から遠くに見えるネムノキの、吹く風にゆらりゆらりと揺れる姿にはつい目が留まります。

蛍の光を眺めていると、時間の感覚が変わってしまうのと同じように、たおやかなネムノキにはあたりの気配をゆったりとしたものに変えてしまうような力があります。

ネムノキにちなむ話で注目したいのは、「眠り流し」の習わしです。ネムノキの枝を、海や川に流してお祓いをするのです。

何を祓うかというと、「睡魔」です。人が眠気を催すのは「魔の力」だと、昔の人は考えたのです。

その魔を祓うためにネムノキを使ったのは、この木が動く姿や、その名を眠りに見立てたから。同じような動きや、音を持つものには呪力があると考えたのは、日本人の信仰によく見られるものです。

それにしても引きずりこまれるような夏の眠気に抗うのは、なかなか難しいものです。日々はたらくことといのちがダイレクトにつながっていた時代は変わり、現代のネムノキはゆったりと揺れて、魔を祓うというより、深い眠りを誘う福を招くもののようにも見えます。

古に伝わることと、今の気持ちをいったりきたりしつつ、たっぷりと水を張った水鉢に、花と葉を浮かべてみました。

秋

立秋《りっしゅう》

八月八日頃

チングルマ

二十四節気は「秋に旅立つ」立秋です。
朝夕の空気の中に、わずかに交じり込む秋のきざしを感じはじめます。
小さな秋の足音ですから、厳しい暑さが続く年はなかなかその訪れを感じ取るのが難

しいかもしれません。

白々と明けていく夜明けの音も、まだ、ヒグラシやミンミンゼミが鳴く真夏の音。もう少し暑さが和らいでくれば眠っている感覚も目覚め、小さなきざしに気づくゆとりも出てくるでしょう。

ツクツクボウシの音が、そろそろ遠くから響いてきます。

あまりに早い初鳴きに驚かされる年もありますが、今年は桜の開花も梅雨明けも早かった、と振り返ることも。

目の前の季節ばかりでなく、一年を通して季節の流れを時折、眺める時間を持つと、ものの見方や心のありようにもゆとりを持てるようになってまいります。

立秋のこと

立秋の頃には、日本人にとって大事な行事のひとつ、お盆がやってきます。現在は十三日から十五日前後に行うのが一般的ですが、古くは一ヶ月、あるいは二ヶ月ほどかけて行う行事でした。お盆が長かったということは、それだけ習わしも多いということです。

数あるお盆の習わしのひとつに、道の掃除があります。

お盆には、いつもは山や高いところから私たちを見守ってくれているご先祖様が帰ってくると考えられています。草刈りや掃き掃除をして、帰ってくる時に通る道をきれいにしておく、というのがその習わしの由縁です。お盆の間は、玄関の前をいつもとは少し違う気持ちで掃除してみます。

今の時季、山の入り口にある私の家のまわりには、思いのほか木の葉が落ちています。もうこんなに葉を落としているのは誰だろう、と見上げると、山桜の木。すでに気の早い葉が一、二枚、色変わりしています。その山桜の向こう側には空が見え隠れしています。

秋に向かって高くなりはじめた空を眺めながら、先に旅立った家族や友人のことを思いました。遠くを見ることで、生まれる気持ちがあります。

オルスイさんの笹飾り

八月七日は月遅れの七夕です。

地方により新暦で行ったり、月遅れで行ったりするのには、お盆と同じ考えがはたらいています。季節感を大事にするところ、日取りを大事にするところ、それぞれです。

今回、笹飾りに用いたのは、オルスイさんです。七夕人形のひとつで、ひとがたに幣のような飾りが連なる姿をしており、どこかから吹いてくる風に揺れて素敵です。

山梨県などに残る、古くから伝わる飾りで、七夕が終わった後も、家を守るお守りになるという心強い七夕人形です。

七夕を月遅れで行う時、嬉しいのは、星空がより美しいこと。

新暦、月遅れのどちらで行うにしても、お盆の一週間前の時期となります。

道具を水で洗う、髪を七回洗う、お墓を水で清めるなどなど。

古くからある各地の習わしを細かく見ていくと、まさに、お盆にちなむものが今もずらりと並んでいて、日本の七夕がお盆の支度でもあったことが伝わってきます。

オルスイさんの笹飾りのつくり方

【材料】
A4のコピー用紙や折り紙、和紙

1 紙を半分に谷折りする。

2 1をさらに半分に山折りして開く。

3 折り目を上にして、線の部分にハサミで切りこみを入れ、いったんすべて開いて、縦に谷折りする。

4 図のように頭の部分が上に出る向きにしてから、縦に山折りする。

5 図のように線を書き、ハサミで線の通りに切る。

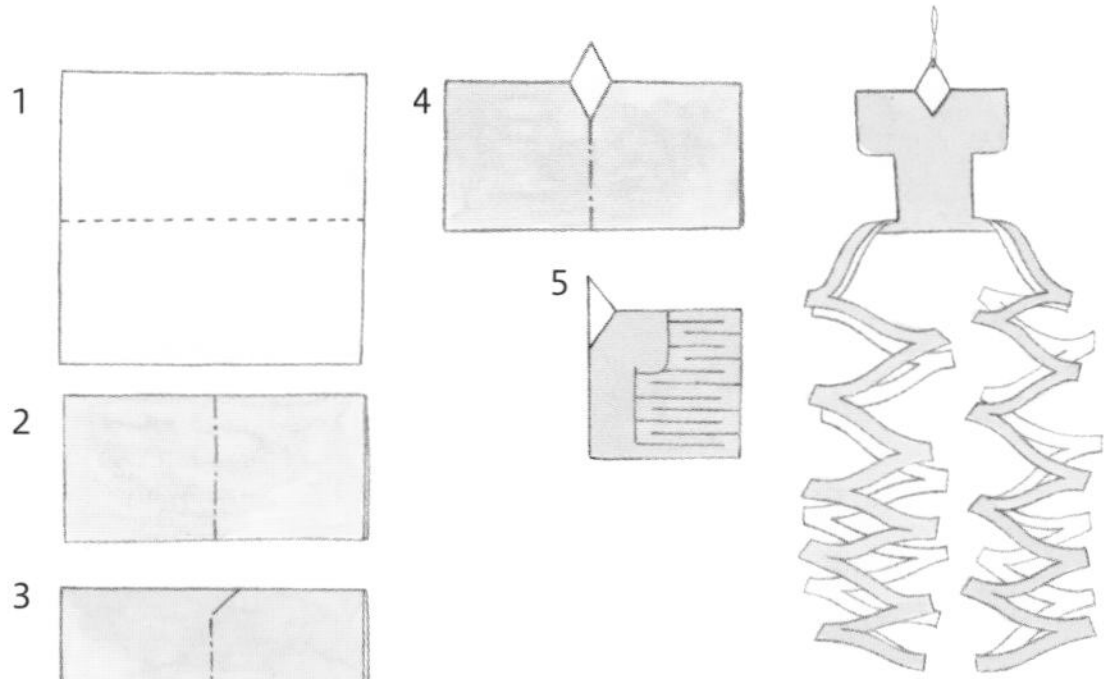

マコモの精霊舟《しょうりょうぶね》

毎年、マコモの草で精霊舟をつくります。生の葉を用いると、青々と美しく惚れ惚れとするような精霊舟に。

細めに編んで、李、蓮の実、ホオズキなど、お盆にまつわるものを彩りよく入れていきます。最後に帆に見立てた笹を差し込んでできあがりです。

笹には霊力があり、祖霊が宿りやすくなるための依代とする考え方があります。

七夕に笹飾りをするのは、お盆に笹を使うことと関係があるのかもしれません。盆棚はもちろん、ホオズキをお供えにする時などにも使います。

料金受取人払郵便

豊島局承認

8407

差出有効期間
2022年4月30日
まで

郵便はがき

1708780

052

東京都豊島区南大塚2-32-4
パイ インターナショナル 行

追加書籍をご注文の場合は以下にご記入ください

●小社書籍のご注文は、下記の注文欄をご利用下さい。**宅配便の代引**にてお届けします。代引手数料と送料は、ご注文合計金額（税抜）が5,000円以上の場合は無料、同未満の場合は代引手数料300円（税抜）、送料600円（税抜・全国一律）。乱丁・落丁以外のご返品はお受けしかねますのでご了承ください。

注文書

ご注文書籍名	冊数	お支払額
	冊	円
	冊	円
	冊	円
	冊	円

●**お届け先は裏面に**ご記載ください。
（発送日、品切れ商品のご連絡をいたしますので、必ずお電話番号をご記入ください。）

●電話やFAX、小社WEBサイトでもご注文を承ります。
https://www.pie.co.jp　TEL：03-3944-3981　FAX：03-5395-4830

ご購入いただいた本のタイトル

●普段どのような媒体をご覧になっていますか？（雑誌名等、具体的に）

雑誌（　　　　　　　　　　）　WEBサイト（　　　　　　　　　　）

●この本についてのご意見・ご感想をお聞かせください。

●今後、小社より出版をご希望の企画・テーマがございましたら、ぜひお聞かせください。

お客様のご感想を新聞等の広告媒体や、小社Facebook・Twitterに匿名で紹介させていただく場合がございます。不可の場合のみ「いいえ」に○を付けて下さい。　いいえ		
性別　男・女	年齢　歳	ご職業
フリガナ お名前		
ご住所（〒　　―　　）　TEL		
e-mail PIEメルマガをご希望の場合は「はい」に○を付けて下さい。　はい		

ご記入ありがとうございました。お送りいただいた愛読者カードはアフターサービス・新刊案内・マーケティング資料・今後の企画の参考とさせていただき、それ以外の目的では使用いたしません。
読者カードをお送りいただいた方の中から抽選で粗品をさしあげます。

5480 花月暦

茅の精霊舟

夏越《なごし》の祓《はらえ》に使う茅で精霊舟をつくりました。旬のものや、行事にちなむお供えものを見繕い、舟の上にのせ、禊萩《みそはぎ》などの盆花をしつらえます。青々とした草を使うと、瑞々しく、涼しげに。海や川を渡る颯爽とした舟の趣が出てきます。桃の節供、七福神、宝船、そしてお盆の精霊舟。「舟」は、あらゆる日本文化のシーンに登場するかたちです。

つくりものをすると、手を動かすうちに気持ちが整い、落ち着いていきます。こどもたちだけのものにしておくのはもったいないのです。

お供えものと花　柿の葉・風船葛《ふうせんかずら》

お供えものには、故人の好物を用意する、という方も多いでしょう。

私は、毎年のお供えものに、義母が好んで育てていた風船葛の花を添えます。手に入れることが難しい年もありますが、準備をするうちに明るく微笑んでいた義母を思い出して、幸せな気持ちになります。

こうしてほんのささやかにでも工夫をし、今は亡き人とつながるための時間をつくることで、あたたかなものに包まれていきます。

見えるものだけでなく、見えないものにも気持ちを向けることで、心は広がり、狭い箱に入り込んでいたような思いも解き放たれていきます。

ところで、お供えするものは、年齢やライフスタイルによって同じ人でも変わっていくものです。

なかなか時間が取れない時は、こうしなくてはいけないという決まりごとはほどほどにして、故人や祖霊を身近に感じられるかたちにしたいと考えています。

柿の葉の上にのせた花は、無縁仏のためのお供えものです。お盆にお迎えするのは個人的なつながりのあるご先祖様だけでなく、亡くなってから何十年もたって個性をなくした祖霊、そして無縁仏など、さまざまな存在をお迎えする機会なのです。

個人的なつながりが薄れていくような現代にあってはなお、この「縁もつながりもない人」にもお供えするという考え方があったことを興味深く思います。戦や災害、行き倒れなど、死が身近だった時代の人と同じ視点で今、現代のことを考えることはできませんが、心を込めたお供えものや、花を手向ける気持ちは、時代や暮らしにかかわらず変わることのないものです。

古いかたちに折り込まれたさまざまな思いを感じ取りつつも、今の光を当てて、自分らしいお盆を心がけていけたらと思います。

鶏頭

処暑《しょしょ》

八月二十三日頃

暑さが収まる、という節気です。涼しくなったと喜んでいると、厳しい暑さがぶり返します。

そろそろ力を抜いて秋のきざしを楽しんで、ほっとゆるみたいという気持ちと、まだ気を許してはいけないないなという気分と、対照的なふたつの気持ちが入り交じり揺れています。

そこへ思い出したように通り抜けていくのは秋の風。

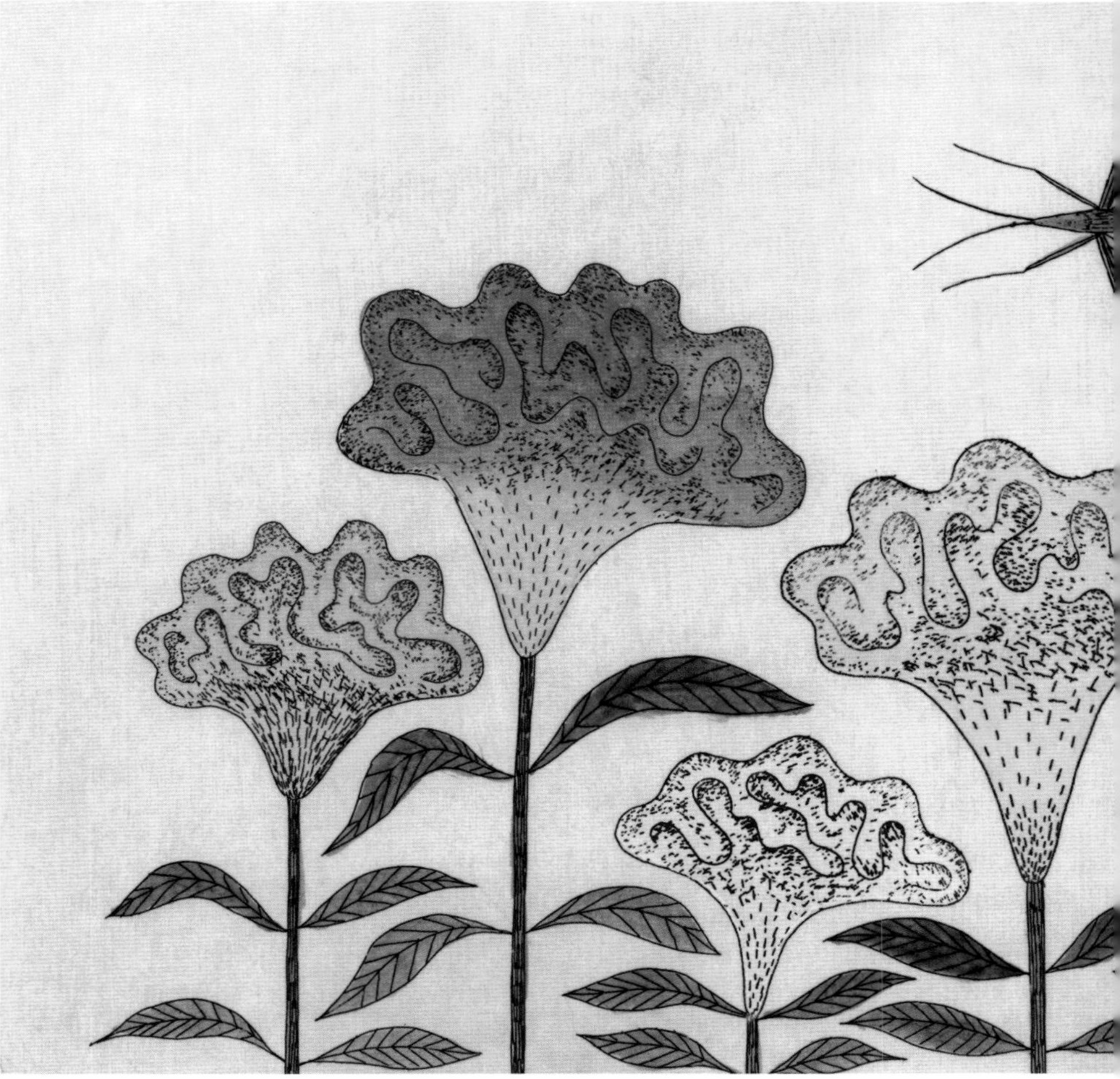

処暑とはそんな季節です。
それでも、立秋の頃と比べて明らかに異なるのは、夜の訪れの早さと、虫の音の響きです。

これからまだしばらくの間、夜の長さは伸びていくところです。

鶏冠のような、扇のような、紅色などが鮮やかな鶏頭《けいとう》の花が開きます。暑さ疲れがそろそろ出る頃、そのしゃっきりとした色に、けだるいような身体と気持ちをきりりとひきしめてもらいます。

置いてきぼりになりすぎぬように、かつあせらずに。

さまざまなところに現れる秋のきざしを堪能していきましょう。

処暑のこと

ツクツクボウシの声が聞こえてくれば秋のはじまり。夏のはじめにはヒグラシの声、夏の盛りにはミンミンゼミ。残暑という言葉がしっくりとくる頃になれば、ツクツクボウシ。その土地土地により、種類も順番も異なりますが、私の住む場所で聞こえてくる蝉の順番はおおよそ、こんな感じです。

本来のリズムに導いてくれるようないのちの音。

この蝉たちのように季節の進み具合を教えてくれる存在が自然界には他にもいます。蜻蛉《とんぼ》もそのひとつ。

見上げる空に群れて飛ぶ姿を見る機会が増えてくるのは、立秋やお盆の近づく頃。空を見上げることを忘れずにいれば、すい、すい、と軽やかに飛ぶ姿が、田んぼの上だけでなく、海や町の中でも見ることができます。

この時季に飛ぶ蜻蛉を、精霊蜻蛉、盆蜻蛉と呼んでいるのは、ご先祖様や目に見えない存在を背中に乗せているから、あるいはその化身だという考え方があるから。ゆうゆうと飛ぶ姿や、葉の陰で休む姿には不思議な存在感があります。

古い時代は、日本の名を、秋津島《あきづしま》、蜻蛉島《あきづしま》と表したことも。

幼き頃、空を覆うほどたくさん飛んでいた下で、遊んでいたことを思い出しています。

ハマナスの実のピュレ

ハマナスは砂地の海岸によく生えるバラ科の花。北海道生まれの私にとってはなじみ深く、田舎の海岸に車を走らせるとよく見えたハマナスの群生を覚えています。

昔はアイヌの人たちにとって大切な食用花で、「マウニ」と呼んでいたそうです。熟した実を生食したり、未熟なものは煮て食べたりしたのだとか。

興味深いのはアイヌのこどもたちが数珠《じゅず》をつくり、「マウタマサイ」と呼んだこと。東北や北海道にも、首飾りや盆のお供えものにする習わしがあり、どこかで交差したのかもしれない文化の道を、いつかもう少し辿ってみたいと思っています。

北海道に住んでいた頃は、家族が庭に植えたハマナスが実をつけても食べることはありませんでしたが、ピューレにしてサラダのソースにしたり、ジャムにしたりすると、とても美味しい、と聞いて、バラの実に目がない私はいてもたってもいられず、ローズヒップ（ハマナスの実）をたくさん取り寄せてみました。

下ごしらえすると、ちょっとちくちくすることがありますが、美味しいピューレをいただけると思えばなんのその。たくましい生命力あふれる、ぎっしりつまったたくさんの種と毛を取りのぞいた後、五分ほど煮て、フードプロセッサーにかけ、裏ごししてできあがりです。

この後、我が家では、ライムを搾り、

黒糖を入れてとろとろに煮ました。それほど時間をかけずにできるのもいいところ。ひと口舐めると、バラの実特有の香りがします。

煮る前に少しかじってみたところ、生の状態では香りはそれほど強くなく、正直、どんなものになるか不安がありましたが、身体と心に染み渡るようなこの美味しさはより格別でした。

ひと手間で、これほど味が出て、美味しいものになるとは。残暑でけだるくなっていた身体も、一気に蘇ります。

ハマナスの蕾は玫瑰《まいかい》と呼ばれ、その意味は「赤く美しい珠」。お茶にしていただいたり生薬として使われたりして、気の巡りをよくする力があるという話を思い出しています。

ハマナスの実の数珠

季節がここまでくると、暑さに疲れた身体をどう癒そうかと考えはじめます。秋に疲れを持ち越さぬようにケアしなくてはと、肌と髪の毛の乾燥や、だるさが気になりはじめて、あれこれ思案し、試してみたくなるもの。

心身の変化は人それぞれですが、やっぱり草木花は頼りになります。

前述したハマナスの実のピューレはそのひとつです。

東北の方では、この朱色の実に糸を通して数珠をつくり、お盆のお供えものにするところがあります。

艶も色もよい実の中からよりすぐり、ハマナスの実の数珠をつくってみました。鮮やかな朱色は、写真ではトマトと見間違えてしまいそうですが、トマトよりもう少し平べったいかたちをしています。ヘタを取り、同じようなかたちのものを揃えて糸を通していきます。

数珠は人間の煩悩一〇八つを割り切れる数にするのがよい、といういわれを考えて、十八玉の数珠をこしらえました。

盆菓子と一緒に、お盆のしつらいとお供えにして。赤い色は、ホオズキのように灯りに見立てて、お迎えの時に色を添えます。

ハマナスの実の数珠のつくり方

【材料】
ハマナスの実
絹糸

1 ハマナスの実を広げ、糸に通す実の順番に並べる。
2 針に糸を通し、実を順番にさしてつないでいく。
3 全部つなげたら、糸を結んで輪にする。

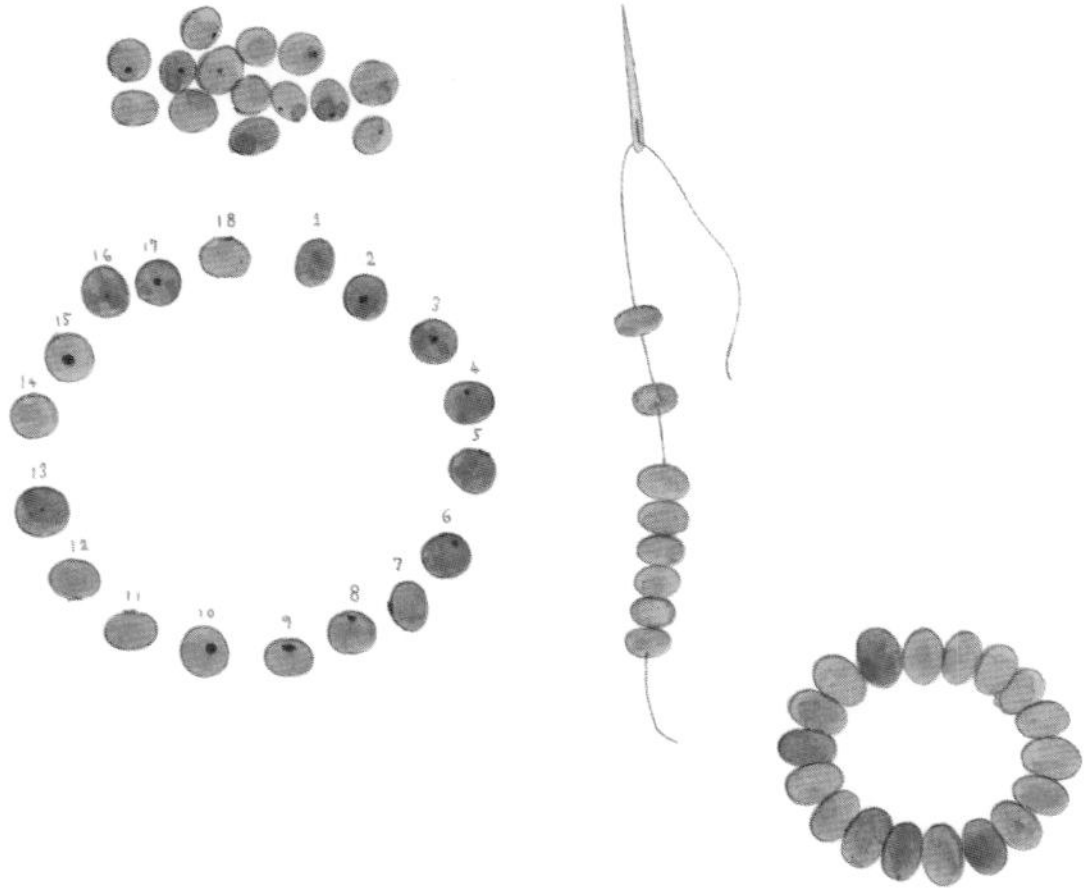

仙人草《せんにんそう》

可憐でいて力強さを感じる旬の花は、仙人草です。暑い中でも旺盛に蔓の手を伸ばし、純白の花が咲きはじめました。

有毒なので摘む時に気をつけなければいけませんが、すっと、ただひと枝、花入れに入れるだけで、見栄えよく美しい花です。

毎年、咲くのが待ち遠しく、蔓の伸び具合を確かめるのも楽しみ。

「仙人草」の名は、綿毛が仙人のひげのようだからついた名前だといいますが、友人がこの草をある方法で使い、のどの調子がよくなったと聞きました。もしかすると、「仙人が使う薬」のような意味合いもあったのではないかと密かに思っています。

これからしばらくの間、蔓は伸び、純白の花を咲かせ、緑の草の中を明るく照らしてくれます。

木槿《むくげ》

木槿が花盛りです。すっと伸びた枝に、次々と花を咲かせます。

この花の魅力は、一日花だということ。

そして、目にするものの気持ちを和らげる、透ける花びらです。

また、花を終えるとすっと身を畳み、ぽとり、ぽとりと道にたくさんの花を落とします。大きな花びらを畳むには、力もいるはずですが、暑い最中にあっても、後の始末が見事です。

ちなみに、万葉集で山上憶良《やまのうえのおくら》が詠んだ秋の七草の朝顔は、この木槿とする説がありますが、木槿は野に咲く花ではなく、栽培植物です。

白粉花

白露《はくろ》

九月八日頃

ある日、突然にやってきて、そのことばの趣にはっとする。それが「白露」という節気です。

夜の大気が冷え、夜明けを迎える頃、草の葉に結ぶ白い露——。

そんな景色を表しています。

歩く足を濡らす朝露の冷たさから伝わってくるのは、新しい季節の息吹。徐々に遠のく暑さに、ほっとひと息つける日も出てきます。

時の流れも少しずつゆるやかになっていくにつれ、自分らしさにもう一度、気づく力が舞い戻ってくるような、そんな時季。

露に対する日本人の思い入れは強く、さまざまな行事や習わしに登場します。

たとえば、七夕の夜露は願いごとを叶え、菊の節供の露は長寿に力をもたらす。そして、晩秋に木々や草を紅葉させるのは、露の力だと考えられていました。二十四節気の白露も、夏から秋へと気が変わるしるし。

草のそばに、心も身体も近づけて、小さな露の玉を眺めるような暮らしをしてきたことが伝わってまいります。

白露のこと

日に日に早くなる夕暮れの中。

白粉花《おしろいばな》が咲いて、うっとりするような香りを放っています。

都会の街路樹の隅でも上手に居場所を見つけ、群生するものも珍しくありません。私は家の近所と渋谷にある、決まって同じ場所で咲く白粉花がお気に入りで、毎年、出会うのを楽しみにしています。人の手を借りることなく花を咲かせる草花と再会し、そっと触れて、毎年元気をもらっています。

秋を告げるものは他にもたくさんあります。

虫の音は、早くも盛りを迎えているようです。はじまりは不揃いで可愛らしい虫の音は、早春のウグイスの初音のたどたどしさを思い出させます。

最初は、ひとつひとつの虫の音に耳を傾け、聞き分けて楽しみます。秋が深まるにつれて、音調は低めに一定に。ついには大合唱に変わっていきます。虫しぐれの醍醐味は、その経過を楽しむこと。

あまりに時の流れが早くて、身体も心もついていけるかしら、と不安な時には、空にリズムを放つ虫の音が支えに。

もうじきやってくるのは太陽の分岐点、秋分です。大きな節目に留意したいところ。

自分が疲れていることを知らぬまま、無理しすぎると持ち前のよさも発揮できません。節目を教えてくれるものとの出会いを大事にして歩きたいと思います。

草木花や虫の調べに耳を傾けて心をゆだねる時間を忘れずに歩いていけば、大概のことはうまくいく、それが九月という季節です。

実りのお供え

お月見には、その土地土地の旬のものをお供えします。

庶民の間では、名月を鑑賞することと合わせて、多くの実りがもたらされたこと、つまり収穫への感謝祭の意味合いが強くあるようです。

その時節にいちばん美味しいものを、よい実りを得たものをお供えものにするのが基本ですから、当然、その土地土地により、お供えものも、お供えする花も異なるのが一般的でした。

我が家のお供えものには、三方の上に、里芋の葉を敷いて、旬の冬瓜と縁起担ぎの瓢箪《ひょうたん》形の南瓜、よい香りを放ち、邪気を整える花として、花縮砂《はなしゅくしゃ》の花を添えました。

お供えもの

十五夜のお供えものには、お団子をはじめ、その時季の旬のものを用います。お芋や栗、枝豆をしつらうのは、その時季に採れる収穫物だから。あるいは稲作の前から日本の食を支えてきた里芋を祀るものという説もあります。

いのちをつなぐ食べ物の恵みに対して、心の底からありがたいという気持ちがあったからこそ、生まれたお供えものです。その時採れるいちばんよいものを、自分が大切だと思うものをお供えものにして、感謝の気持ちを捧げます。

古くからのかたちや思いを取り入れつつ、しつらいに試みたいのは、やはりこの気持ちの部分です。自分が受け取り、嬉しいな、と感じるものをお供えものにする。心が動くものが何かを見極め、選ぶ。

考えてみれば、大切な人への贈りものを選ぶ時に、今こういうものが美味しい時季だからなど、いつも自然にはたらかせる気持ちと同じです。

お団子の他にも、毬栗《いがぐり》と、花縮砂の花をお供えに。まだ青みの残る栗の枝の清々しさに、ひと花で部屋中を清浄な香りで満たす花を添えました。

瓢簞《ひょうたん》

実りを迎えた、青瓢簞が手に入りました。

中身を出して乾かした黄土色の瓢簞は、お祝いごとなどに使われ、私たちの暮らしになじみ深いものですが、青瓢簞はどっしりとしていて、まったく異なる趣があります。

くびれのある、ふっくらとした豊かな姿を愛でつつ、花を添えてみます。

瓢簞は、お酒や種などを入れる器として、あるいは飾りものとして世界中で親しまれ、使われてきた最古の栽培植物のひとつです。

日本でも縄文時代の遺跡から種が発掘されたほど、古いもの。六瓢簞《むびょうたん》（六つのひょうたん）の音に通じることから、「無病息災」の縁起ものとして、現在もお守りなどに用いられ、親しまれています。

秋の草

秋風が心地よくなってきたおかげで、道行く野の草が可愛らしく揺れていることに気づく余裕が出てまいります。

都会のコンクリートの隙間や、車通りの多い道路でも、ゆらゆらと揺れて気持ちをほっこりとさせてくれます。近所のちょっとした空き地で思わず見とれてしまったのは、雌日芝《めひしば》などが、風に一斉に同じ方向になびくさまです。花火が灯るように見えるカヤツリグサも交じり、見事でした。

秋の風と草の戯れを楽しむ、ほんのひと時。

人生は、そんな何気ない時間が響き合い、豊かになっていくものなのだと思います。

走り野菊

九月九日には重陽の節供、菊の節供を迎えます。まだ野菊には早いけれど、と庭を見回せば、ひと枝だけ咲いていていました。

枝ぶりもよく、数日、庭で眺めていましたが、思い立って長めに枝を切り、満月に見立てた骨董の丸皿の上にそっと置いてみます。

野菊は古いものに似合う花。骨董や陶のかけら、瓦や古い籠などと相性がよく、お互いを引き立て合います。

野菊は古い茶会に早々と登場し、千利休も演出に用いました。

ひとつの種類を指す名ではなく、ノコンギク、ヤマジロギク、ヨメナ、ユウガギクなどの総称です。

布袋葵《ほていあおい》

透き通るような、青い花を咲かせているのは布袋葵です。

咲いているのを朝見かけて喜んでいると、夕方にはしぼんでしまう一日花。

名前の由来は、浮き袋のようなふっくりとした葉柄を七福神の布袋様の豊かなお腹に見立てたもの。縁起のよい名前がついています。

冬にはほとんど枯れてしまうけれど、一部が残っていれば、次の年にはまた大繁殖するという生命力。時に海や川を埋め尽くすこともあるという力。

水鉢の中でいっぱいに広がる姿に、その片鱗が見え隠れしています。

チョコレートコスモス

秋分《しゅうぶん》

九月二十三日頃

夏と冬をつなぐ分岐点です。秋分は昼と夜の長さがほぼ等しい頃。太陽がだんだんと、春の頃と同じ高さに戻ってまいります。

いのちの息吹に満たされていくのが春なら、秋は実りを迎え、彩り、枯れていく道中。受け取る光の強さは似ていても、春とはまったく違う表情を見せます。

移りゆく季節の流れに身を

ゆだね歩くうちに、内側に蓄えられた力は、自然界と同じように実りを迎えることでしょう。

秋分は、春分と同じように、お彼岸の真ん中の日、中日にあたります。

日の出や日の入りを迎えて、太陽に祈りを捧げる日迎えなどの習わしが見られるところもあります。

秋の七草、彼岸花、そして太陽の傾きなど、暮らしの中にある何気ない自然界のシグナルに目を留めることがさらに日々を豊かにしてくれます。

人生で本当にやりたいことを軸に、涼やかに歩いていこうという気持ちが高まっていきます。

秋分のこと

いつの間にか、日暮れが早くなってまいりました。

日差しが部屋に斜めに入り込んでくるようになり、光で満ちるように。もうすぐ刈り上げがはじまる稲には、朝露が玉のように光っています。

気温が高くても、明らかに八月と違うのは、朝夕の風の心地よさだけではなく、しっとり、ひそやかに夜の存在感が強く増していること。秋分が近づいてくればなお、お日様が顔をのぞかせる時間が少なくなってきて、少々寂しいような気持ちが入り混じります。

昼の時間が短くなり、夜の時間が長くなるにつれて、街の中の灯りはだんだんと和らかに優しげに見えてきます。夕暮れの色と相まって、郷愁を覚えるような気分に浸りやすくなるのも、そんな時間。

闇夜が多くなると、光に目を注ぐようになり、ぬくもりや穏やかさを大切にしたい気持ちがいつも以上に強くなるものです。

仲秋から晩秋へと向かう季節。和らぐ灯りに包まれた夕暮れの街の空気を味わい歩けば、季節の力がしっとりと心に響いてきます。

月見のしつらい

十五夜が今年もやってまいります。ギラギラとしていた太陽も穏やかになり、空の主人公はお日様からお月様へと移ります。

十五夜のしつらいも各地によってさまざまな考え方があり、多くの祈りのかたちが見られるのは、興味深いことです。

今回のしつらいは「箕《み》」を使いました。

これは、暮らしの中の道具をお供えものに使う習わしのひとつです。

呪術的な意味や儀礼に多く使われた箕に三方を置き、月見団子を積みます。

秋の七草の尾花《おばな》に、女郎花《おみなえし》を添えました。

十五夜花

十五夜花として、尾花、女郎花、リンドウ、藤《ふじ》袴《ばかま》、吾亦紅《われもこう》、水引《みずひき》、差し色にはアザミのような花、タムラソウを入れてみました。

本来の十五夜花がそうであったように、身近なところに咲く旬の花を月へのお供え花にします。

十五夜にちなむ花である秋の七草の由縁を取り入れて、「七種」の花を。

中でも藤袴は、生けた後の楽しみがあります。部屋に吊るし、乾燥させておくと、よい香りを放ちはじめます。

生花の時には想像できない香りのよさと、その強さ。この香りに出会うことではじめて、平安時代に香水代わりにしたという話や、「香水蘭」、「香草」と呼ばれる由縁が、すとんと胸に落ちてきます。

白い月餅《げっぺい》

中華街でおなじみの月餅は、古くから伝わる中国菓子のひとつです。

もともと、中国では日本の十五夜と同じ意味を持つ中秋節に、丸い満月のかたちに見立てたものとして、月のお供えものにしたり、贈りものにしたり。家族の円満を祈ります。

日本でおなじみの月餅といえば、焼き菓子ですが、ベトナムや香港、台湾などで見られるものに、白い月餅があります。

今回、白い皮は餅粉でつくり、ふんわりとした歯触りの軽めの月餅になりました。

さまざまな土地で十五夜の花としてお供えにしたという、紫苑《しおん》の花や尾花を添えて。

「白月」に見立てた月餅で、月見を楽しみたいと思います。

白い月餅（氷皮月餅）のつくり方

【材料】
餅粉……50g
米粉……50g
コーンスターチ……20g
砂糖……10g（お好みの量で）
牛乳……約190ml
なたね油……少量
打ち粉（片栗粉、コーンスターチでも）

1 打ち粉以外の材料を耐熱容器に入れて混ぜ、ふんわりとラップをして電子レンジで2分加熱する。

2 ヘラで混ぜ、もう一度ラップをして、透明になるまで約2分加熱する。（透明になっていなかったら、1分か2分追加する）

3 型に片栗粉をふり、2の生地を入れて軽く押さえ、ゆっくり取り出す。

葛《くず》の花

秋の七草のうち、葛の花は今も身近に見られる花のひとつ。残暑のなごりでまだ重い空気を、さっと軽やかに変えていくような色をしています。

線路脇にも蔓を伸ばし、都会でも生きぬくたくましさは、その薬効の高さを表しているかのごとく。葛の根から採れる葛粉でつくるまろやかなとろみのある葛湯は、冷えた身体を芯からあたため、夏の疲れが残るお腹を優しくいたわり滋養となります。

毎年、葛の花の開花に気づくのは決まって、地面に花びらがひとつふたつ落ちてから。その時、空を仰いではじめて穂のように伸びた葛の花を知るのです。落ちている花よりも先に、枝に咲いている姿を見つけようとするけれど、うまくいきません。

雨風に落ちて道を彩る花といえば、春は桜、夏は木槿。そして、秋は葛ではないかと思います。

落ちた葛の花を手にすくってみると、昔から高貴な色と考えられた紫色の宝庫です。伝統色になぞらえると、牡丹色、浅紫、二藍、桔梗色、藤紫など。さまざまな紫色が混在し、遠目で見る時と、手にのせて眺める時では趣の異なる花です。

ゲンノショウコの花

ゲンノショウコが花盛りを迎えています。その名も「現によく効く証拠」という意味からきているというユニークな生い立ち。

お腹の薬として活躍してきた民間薬のひとつですが、毎年、我が家の庭で赤い花をたくさん咲かせています。

花が咲いた後も見逃せないのは、種を飛ばした後の様子が、お神輿《みこし》の屋根飾りのかたちをしていること。くるりときれいなカーブを描くため、神輿草という別名があります。

菊と兎

寒露《かんろ》

十月八日頃

白い露は寒い露、冷たい露に変わってまいります。

空を舞っていたツバメたちがいつの間にか南へ旅立ち、寂しくなりました。夕暮れに佇み、暮れていく空を眺めていると、徐々にともる街の灯りにほんわりとしたぬくもりを感じます。

晩秋といえども、まだ強い日差しの日もあり。時季はずれの光にとまどいながらも、過ぎ去るものへのいとおしさを感じます。

ぶり返す暑さは身体に堪えるものの、かろうじて残る夏のなごりに、どこか不思議と安堵する気持ちもあります。

それも秋が深まるにつれ、だんだんと薄れていきます。移り変わる季節にゆっくり包まれていく、静かな静かな季節です。

寒露のこと

季節は深まり、鎮まる時を迎えています。

早朝、草むらを歩けば足元は濡れてひんやり。宵の虫の音は、知らぬうちにか細くなっています。ためらうことなく進んでいく季節の歩みには、いつもながら戸惑いがあります。

それでも私たちは、自然に抗うことなく、移りゆく季節の流れに寄り添い、生きるための力をはたらかせます。冷たい飲みものをあたたかいものに変えて、身体が冷えてしまわぬように衣替えをして。いつのまにかすっかり変わろうとしている新しい季節の扉を開け放つ前に、身支度、心支度していきます。

この頃になると、ねばり強く残っていた暑さも、涼やかな大気になじみ、すっと消えていきます。

また、秋の新芽は生き生きとして、春の芽吹きとは同じようで異なる趣があり、自分の中にもある新しい気持ちの芽生えをそっと支えてくれます。

厳しい夏を越えているうちに内側に培われていたものがあるのだと、気づくことができれば幸せ。澄み渡り、高くなっていく秋空のように、はるか遠くまで力を広げていく時です。

菊

七十二候は「菊花開《きくのはなひらく》」。

そして、「旧暦の重陽の節供」（菊の節供）がやってきます。

本来の重陽の日付は九月九日で、縁起のよい九の数字が重なる日だから、という意味合いがあります。ただ、新暦のこの頃はまだ残暑厳しい頃となり、菊を楽しむには少々早いのです。私は七夕やお正月と同じように、新暦と旧暦の二度の節供を楽しむことにしています。

もっとも菊花も、桃の節供の桃のようにさまざまに品種改良されて、一年中楽しむことができます。ただ、やはり従来の旬の時季が、香りや効能がいちばん強くなるように思います。

若返りやいのちに力を与える呪力のある花として、古来、考えられてきた菊は、実際に目の疲れに効く効能がある種類のものも。スマホやパソコンで目が疲れている時には菊茶をいただくのがおすすめです。

毎年、私がこの時季につくるのは菊の薬玉です。さ

まざまな種類や色味のある菊を、丸く仕立て、飾り紐を結びます。菊だけでなく、時にはその時季に咲いている水引や、蓬の花などの野の花をあしらい、難を転じる南天の葉や、神事などに用いられる榊、神聖な力を持つと考えられた常緑の椿など、菊の花を引き立てるような草木を添えていく時もあります。

どのような取り合わせにしようか、と考えながら仕立てるうちに肌を通して菊の花の香りや力が直に伝わってきます。

薬玉には、その時々の気持ちや、心の内側がかたちに表れます。自分と対話するうちに、喜びはじんわりと広がり、迷いがある時も道すじがついていきます。目に見えないものに気持ちを向ける時間には、そんな効能があるようです。

おくやみごとに菊の花が使われるようになったのは、そんなに古いことではないようですが、これも菊の不老長寿や邪気祓いの力があるというところが元。現在は、仏様の花としての印象の強い菊も、薬玉にすると趣が変わり、清らかな香りに親しむ、凛として優雅な本来の菊の姿が、真っすぐに見えてまいります。

菊の着せ綿籠《わたかご》

香りのあるものを移し、染み込ませることを「うつしの香」といいます。旧暦の重陽の節供のためのしつらいに、菊のうつしの香である「着せ綿」をします。籠に盛り、菊の着せ綿籠としました。

清少納言の枕草子では「九月九日は、暁方《あかつきがた》より雨少し降りて、菊の露もこちたく、おほひたる綿などもいたく濡れ、うつしの香ももてはやされたる」とあります。

九月九日は、明け方から雨が少し降り、菊の花の露で、かぶせた綿もすっかり濡れて、花の移り香もとても強くなってきた、という意味です。

この露に濡れた絹の綿で身体をなでれば、長寿を保ち、若返りの効能があると考えられ、大切な人への贈りものとなりました。

仕立てた籠を前日からひと晩外へ置き、夜露を含ませたものを包んで、友人への贈りものにできればと思います。

着せ綿には、白菊には黄色の綿と蘇芳《すおう》の芯、黄菊には蘇芳の綿と白の芯、紫菊には白の綿と黄色の芯という決まりごとが見られました。

古竹と野菊

古竹の隙間に、盛りを迎えた野菊を入れてみました。野の茂みからあふれ出すように咲き出した野菊の趣をそのままに生けてみます。

毎年、野菊は何も手をかけずとも、人知れず厳しい夏を越え、鬱蒼とする雑草の茂みの中でもたくましく生きて、同じ時季に花を咲かせます。

花の咲く時季だけでなく、芽生えた時も気づいていたいと思っているけれど、茂みの中にあることも多く、願いが叶ったことがありません。

せめて枯れゆく時は、愛でながらともにいたいと思う花。

長い期間にわたって咲き続け、草花が少なくなり寂しくなっていく時も、ふだん歩く道を小さな明かりで照らし続けてくれる、楚々とした花です。

金木犀《きんもくせい》

十月を心待ちにしているのは、金木犀の花が咲くから。

あまりふだんは目立たない彼らは、花を咲かせてはじめて「私が金木犀です」と教えてくれます。

以前、台湾茶道にうかがった際にいただいた金木犀のシロップの美味しさが忘れられず、毎年、この時季はいただくことに。

花びらがたくさん手に入った時に、簡単にできるお楽しみは、金木犀のリキュールです。つくり方は、さっと水洗いして水気をきり、ホワイトリカーにつけるだけです。

暑い時には炭酸割り、これからの季節ならあたたかい紅茶に。よい香りだけれど、慣れ親しみすぎていた金木犀の香りが新鮮に蘇ります。

コクリと飲んで美味しさを知った日から、金木犀をもっとずっと身近に感じるようになるでしょう。

枯蓮《かれはす》

いち早く紅葉を迎えていた桜の葉の色の次に楽しみなのは、枯蓮の景色です。思いがけず、まだ気温や湿度の高い日もあるせいか、青々とした葉と、実りを迎えた茶褐色の花托《かたく》のコントラストに目が留まります。

そもそも「枯蓮」は冬の季語で、葉も実も朽ちて物悲しい景色のことですが、今の時季の蓮池がおりなす景色も見事です。

花を終えた後のシーズンオフとして、蓮池を通り過ぎるだけにしたら、とてももったいない。生き生きとした緑に、柔らかな萌葱色から褐色、利休茶色など、さまざまな葉の色のグラデーションに心潤うひと時となるでしょう。

若葉の頃、花を咲かせる時、枯れゆく風情を味わう時など、一年を通して季節による移り変わりを見守る時間に恵まれれば、心のうちに芽生えるものは、計り知れないほど豊かになります。

柿

霜降《そうこう》

十月二十三日頃

月の美しい季節になりました。虫の音も少しずつ、静かな音に変わってきたようです。七十二候も「霜《しも》始降《はじめてふる》」、「霎時施《こさめときどきふる》」と、なんだか寒々しいことばが続きます。

そう遠くならないうちに冬がやってくるのだという感覚を覚えるような、ひんやりとした空気が流れています。そろそろ身体に気をかけてあげなくては、という気持ちがはたらきます。

こうなると草木花のうつろいも早いようで、山桜に帰り花が咲いているのを見ました。背高泡立草《せいたかあわだちそう》の穂先も、萌黄色に染まりはじめています。

煌々と輝く月の祭りは、十五夜に続いて、十三夜が巡ってまいります。

お月見にお供えしたい秋の七草の藤袴の香りを、楽しむ季節が今年もやってきました。

霜降のこと

藤袴の小さな薄紫色の花を数本吊るしておくだけで、部屋の中に芳香が放たれ、うっとりとするような香りに満たされます。論語の中のたとえ話で、部屋の中を満たす香りのある花として登場する蘭は、藤袴のことだ、とする説があります。

いちばん強く香るのは、乾燥しきってしまう前の生乾きの時。色の変わった葉を整理すると、花だけでなく葉にもよい香りがあることがよくわかります。

草木は花の盛りばかりでなく、枯れていく佇まいにも趣があるものです。藤袴の枯姿の香りに包まれたら、心から離れなくなります。

この芳しき藤袴の蜜を好む蝶がいます。ステンドグラスのような羽の模様が空に映える、アサギマダラです。薄い水色の浅葱色をした小さな蝶は、時に海を越え、長い長い旅をします。

たとえば長野から九州や沖縄、遠く台湾などまで、距離にして千キロ以上の旅をするといいます。その小さな姿からは想像のできない強さです。

アサギマダラの生態はまだ謎も多いようですが、藤袴などの特定の花の蜜を追いかけて旅をするのだとか。

花を求めてさまよう蝶になった気分で、毎年、藤袴の香りを楽しんでいます。

探していた藤袴の苗を園芸店で見つけ、家の庭に植えた後のある日のこと。

出かける際、家のそばの路地に、あまり見慣れぬ蝶を見かけました。意外と大きな羽に、黒い縁どり。

まさかと思いつつも、忘れていた次の日。家の庭を何気なく見ると、アサギマダラが藤袴の花の蜜を吸っていました。

花の香り、蝶といういのちの持つ不思議な力。

ただただ圧倒される霜降の日となりました。

アザミ

気をつけていても、チクッとささる刺がとっても痛いアザミ。繁殖力も旺盛で、放っておくと庭でどんどん広がっていきます。アザミの名前の由来は、ギザギザの葉の切れ込みの「ギザ」からことばが変化したものだという説や、沖縄のことばで「アザ」が刺を表すことばだという説、あるいは傷つけるという意味のことば「アザム」からきたという説など、諸説あります。

触らないで、という強烈なオーラを感じながらアザミを見ると、決まって思い出すのは刺のないアザミの話。伊豆七島の中の小さな島、御蔵島に咲くアザミには刺がないというのです。

御蔵島は小さな島には珍しく、豊かな水に恵まれています。住む人々が穏やかで、それと同じようにアザミも刺がなく、優しいというのです。

調べてみると、ハチジョウアザミという刺があまり発達しない種類でした。刺で自分を守る必要がなかったところで生まれた品種なのでしょうか。アザミにもいろいろな種類があり、七十から八十種あるといわれています。

一般的には、強烈な刺のあるイメージのせいか、十字架から引き抜いた釘を埋めたところから生まれたという逸話から、キリスト教の聖花とされたり、あるいは北欧では雷除けになったりするなど、節分に鬼を祓う日本の柊と同じように、人間の暮らしとともにあり、役割を担ってきた植物なのです。

そんな力に思いを馳せながら、三輪の花を瓦に生けてみました。

柔らかな花色と、立ち上がる凛とした葉の刺が相まって、あたりの空気を変えていく精気を感じています。

石蕗《つわぶき》の花

石蕗の花は冬告花。

夏のひまわりを思わせる明るい黄色が鮮やかで、この花が咲くたびに、心をあたためてくれようとしているのかな、とありがたい気持ちになります。

春の毛むくじゃらの若葉は山菜として美味しくて、たくましくなった艶のよい葉は腫れものややけどの傷を癒し、冬になると華やかにあたりを照らす花。はたらきものの花です。

日陰でも力強くいのちをつないで、私にとっては胆力を教えてくれる花。

今回は、神棚の榊立てに生けてみました。

十三夜の月

十三夜は、十五夜と両方の月を見ることで、縁起担ぎになるといわれています。

満月頃の丸いお月様だけでなく、月の満ちていくその途中の月、十三夜を愛でようとした理由ははっきりとわからないところがありますが、はじまりは古く、十世紀頃には月見の宴が記されたものがあります。

豆名月の別名があって、小麦の豊作を祝ったとか。もっとも日本では、十三夜だけでなく、十九夜、二十三夜、二十六夜の月など、とにかくさまざまな月齢の月を待ち、祝う習わしがあり、「月待ち」と呼びました。

実際に手を止め、立ち止まり、ゆっくりと月が昇ってくるのを待ってみると、いかに日々忙しい心持ちでいるかに気づかされます。

尾花や秋の草木花の生き生きとした姿を楽しむことができる季節も残り少なくなってまいりました。

十三夜と一緒に、移りゆく季節を心置きなく楽しんでおきたいと思います。

萩《はぎ》

庭に植えた萩が大きく育ちました。枝振りもよく、窓から差し込む光を受けて輝いています。

草木も人間も、早く育つ性質のもの、そして、ゆっくりと時間をかけて育つタイプがあります。

草花を楽しむ時も、子育においてもあることですが、どうしても早く育つもの、長く保たれるものがよいと思ってしまいがちです。本当は成長にかかる時間も学びを得るタイミングもそれぞれ異なり、時間をかけて育てることも必要なものです。

それを繰り返し優しく教えてくれるのが草木花の素敵なところです。

つらつらと思いを巡らせながら、萩の枝をガラスの器に入れてみます。枝から小花が散り、机の上にこぼれ落ちるのも、そのままにして。部屋の空気ががらりと変わっていきます。

彼岸花

白い彼岸花が咲いた後、紅色の彼岸花が一斉に咲き出しました。

華やかな花を引き立てているのは、天に向かって真っすぐに伸びる茎の潔さ。

今回は、神事に使う道具、瓶子に入れてみます。邪気を祓う紅の色が、しっくりときます。

彼岸花の葉は花を終えた後に顔を出しはじめるから、花と茎だけでのしつらいに。

力のある花は、陰影のある場所が似合います。

冬

紅葉

立冬《りっとう》

十一月七日頃

季節は晩秋から初冬へと移り変わる道すがら。二十四節気にも冬という文字が現れて、立春の前まで続く冬のはじまりです。

冬がきたよといわれても南関東ではまだ早いということばに頷くばかり。もうしばらくは秋のなごりと、

冬のきざしが交じりあう場所で戯れていたいと思います。

一方、北国では見事な紅葉がそろそろ終わりを迎えて、雪の便りが届いたところも。

雪の降る地方のように、秋と冬の境界線がはっきりとしているところとゆるやかなところでは、季節のリズムや趣も異なるのが面白いところです。

特に十月から十一月の晩秋や立冬の頃に、北国と関東をいききしてみるなら一目瞭然。気温差は想像をはるかに越えて、どんな洋服を着たらよいのかにも戸惑うことになります。

とりわけ立冬の頃は、季節の隔たりが大きくて、別の国を訪れた時のような感覚になることも。日本が、南北に伸びる縦長の国なのだと実感する時です。

立冬のこと

秋惜しむ。

穏やかな心地よい秋の空気感とも、少しずつお別れ。

立冬が訪れても、冬と呼ぶにはまだ早い、と思う人も多いでしょう。まだ秋の中にいたい、という気持ちの方が強いかもしれません。

そんな思いを持ちながら、青々としていた草むらをあらためて見てみると、草紅葉は深まり、思っていた以上に枯れ色が広がっていて、草木のしんなりとしている姿に不意を突かれます。

水辺にはいち早く季節が訪れるのか、すっかり冬の顔。底冷えするような水辺の景色はあたりを冬に染めていくような力があります。

家の中の季節も大きく変わり、あれほど強かった西日はいつのまにか優しい光に。陽だまりは心地よく部屋をあたためますが、日が沈んだとたんに、ひんやり。この落差も十一月らしいところです。

窓から忍び込むその冷気に触れるたびに、忘れていた冬の記憶が少しずつ呼び覚まされていきます。こういう時には、首や足首、手首など、身体の境界線になるところをあたためるなどして、いつもよりも身体や心を大事にするよう心がけます。自分を大事にしているうちに、新しい季節を楽しむ気持ちも、冬芽が育まれるように静かに芽生えてきます。

　草木花と同じように、自然に生まれたものがいちばん揺るぎなく、確かなもの。枯れゆく草木花が重なって土に還るように、自分の中にも折々の力を重ねて、スピリットを養う季節にできればと思います。

ビワの花

寒くなっていく中で、力強く咲いているのは、ビワの花です。冬を越えていくためなのか、花はゴワゴワとした毛に包まれています。

実りまで辿り着くには、来年の初夏まで、長い長い時間をかけます。

目立たずにひっそりと咲き、着々と実りの準備をしている冬の花を眺める時間は、さまざまな支度に追われ、気持ちのリズムが乱れている時のいい薬になります。

そばに寄り、顔を近づけると、よい香り。冬籠り前の蜜蜂も忙しなく羽音を立てて、ビワの花の蜜を運んでいます。肉厚になった葉は、お日様に干した後、細かく刻んでお茶にしていただきます。

煎じたものや、ウオッカにつけてつくるエキスは、ちょっとしたやけどや虫さされの薬になります。

水仙《すいせん》の新芽

青々とした水仙の新芽は、立冬の景色のひとつ。真っすぐ天を目指すように地面から顔を出し、ずらりと並びます。冷たい秋の雨を浴びるごとに、すい、すいと伸びていきます。

寒くなる季節に向かっている最中に、成長する緑を眺められるのは頼もしく、よいもの。空に向かって伸びるさまに力をいただけます。

ちなみに立冬の最後の七十二候「金盞香《きんせんかさく》」の「きんせんか」が指すのは、この水仙の花のこと。

高い空を目指し、茎を伸ばした頂点で可憐に咲く花。きりっとした花とその香りが、もうじき冬の扉を開いていきます。

初冬の庭

露地に咲いていたなごりの杜鵑草《ほととぎす》、高く伸びた狗《えの》尾草《ころぐさ》、背高泡立草、野路菊《のじぎく》を合わせて。冷たい空気が降りる初冬の野の趣をそのままに花立に入れて。

凛とした空気になりました。

あたりを照らすような明るい紅葉に包まれていた北国も、そろそろトーンの落ちた黄土色へまとまり、雪を待つばかり。

寒暖の差が大きいエリアの彩りは、本当に見事。紅、朱色、山吹色、臙脂《えんじ》、と彩り豊かな葉に手をかざせば、あたたかい火が放つようなぬくもりさえ感じます。

寒い冬を越えていくために、たっぷり木々の葉色を浴びましょう。心と身体をあたためてもらいながら、冬へと歩いていく季節です。

大豆の豆殻

二月の節分の邪気祓いや、しつらいのための大豆の殻、豆殻です。大豆を収穫した後、乾燥させて保存しておきます。

からからと鳴る音が鬼を祓うとか、豆そのものに災いを除ける呪力があると考えられている豆殻は、冬と春の境い目に行う節分の行事の大事な道具。柊や榧などの葉と一緒に結んで、鬼を祓う力を持つ柊鰯に添えるなどして用いるものです。

まだ先の春の祈りのために、冬のはじまりに準備をしておきます。円を描くような季節の巡りの連なりを感じているうちに、自分の内側もむくむくと動いてきます。

稲穂の花

一年を通して育て、収穫を迎えた稲穂を油でさっと揚げ、稲穂揚げに。

八寸に朱色の正絹《しょうけん》を敷き、姫榊を添え、小さな収穫祭のお供えものとして。

揚げた稲穂は花開くもの、閉じたままのもの、さまざまですが、それがまた紅白を思わす景色になる縁起ものです。

ぽろりと落ちる稲穂の花をいただけば、その美味しさにまた驚くこと請け合い。

小さな場所で育てているのでそれほど量は取れない、という人にもおすすめのいただき方。しつらいもよし、味もよし。

何より、また来年、育てようという気持ちが生まれます。

月桃《げっとう》の朱い実

朱色の実が乾いて、縦皺がはっきりとしてくると、より存在感が増します。

沖縄や小笠原などの南方の島に自生し、香りのよい花を咲かせる月桃。生の葉は包みにします。茎は綱や草鞋《わらじ》などをつくる生活の道具であると同時に、沖縄では厄祓いをするための植物として、十二月、葉で包んだ餅菓子、ムーチーをつくり、お供えします。

少量しか採れない精油は香り高く、虫除けや美肌に効能があるとか。

種子は煎じて赤茶色のお茶にします。咳止め、胃の調子がよくない時によいのだとか。

朱色の実は貫禄があって、しつらうのも難しいのですが、骨董のような佇まいが目を引きます。

柚子

小雪《しょうせつ》

十一月二十二日頃

木枯らしが吹くたびに、木の葉が空を舞います。

冷たい雨が降り注いだ後、積もる落ち葉のそばにしゃがみこむと、ほのかに大地の匂いが立ち上ります。この頃になると、誰しもが日毎に冷たくなる空気に身体を慣らしていこうと、気づかぬうちに頑張っているもの。

自然にぎゅっと身体をかたくしがちな時間も多くなりますから、あたたかいお風呂に入り、ふわっとゆるみほぐすことが、大切な時間になり

ます。

小雪のはじまりに訪れる七十二候は「虹蔵不見《にじかくれてみえず》」。

虹が見えなくなるほど太陽の光が弱まる頃、という意味のある、この候が語るように、晴れの日のお日様の力も儚げで、早くなる日暮れを心細く感じます。犬や猫たちが上手に日当たりのよい場所を見つけてひだまりの中でまどろむように、寒くなればなるほど太陽を楽しみたくなります。

自分を大事にしようという気持ちが強くなり、そして人恋しくなるのも、厳しい季節を迎える前に必要な、人間の冬支度のひとつなのかもしれません。

北国では雪が降り、根雪の少し前。世界が純白に染まっていく時季となります。

小雪のこと

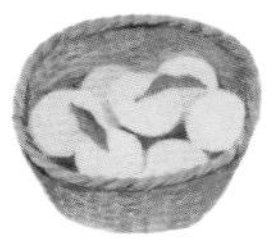

初冬となりました。

強い風に散ってしまった帰り花が、再び、桜の枝の先に小さな明かりを灯すように咲いています。小春日和の穏やかな日のありがたみを感じる時季です。

日が落ちれば、夜の星々も澄んだ大気の中でまたたきはじめます。月も冴え冴えと光り、地球照の美しい日も。

地球照は、三日月などの影の部分に、地球に反射した太陽の光が当たり、まるで月の輪郭が透けているように見える現象のことです。ダイレクトに当たる太陽の光と、地球に当たってから届く間接的な光。月は二種類の太陽の光を受けて美しい姿になります。

地上では、賑やかに鳴いていた虫の音もいつのまにか静かになりました。

ただ、よくよく耳を澄ますと、小さな声で鳴いている虫がいます。

チッチッチッと小さな声で鳴いているのは、鉦叩《かねたたき》。十二月になっても可愛らしい声が続く年もあります。紅葉も深まるにつれて美しくなるその音に、なかなか気づくことができないのですが、一度聞いたら忘れることのできない虫の音です。

立ち止まり、草花の趣に目を注ぐように、冬の小さな小さなシンフォニーに耳を澄まし、探してみてはいかがでしょう。

山茶花

冬の花、といえば山茶花です。バラのような華やかさのあるこの花は、古くからある日本原産の花。清楚な一重をはじめとして、八重、千重、絞りなど、花のかたちも変化に富んでいます。

童謡「たきび」の中に登場するように、垣根、生け垣の花としてなじみ深い花。冬が深まり、ますます花の少なくなる中、道を照らすように咲きほこります。

山茶花の花に近づいてみると、とてもよい香りがします。ずっと身近にあった花だというのに、この花が香ることを知らずにおりました。

よい香りなのに、なぜ気づくことができずにいたのだろうと不思議に思っていたら、気温が低くなると匂いが揮発しにくくなり、人間の嗅覚に届く香りの分子も少なくなるのだとか。また、寒くなると身体の他の機能も緩慢になるのと同じように、嗅覚の感度も低くなり、さらには乾燥が強くなるにつれて、その傾向はますます強くなるそうです。

それとは反対に、寒く乾燥した外から、あたたかくて湿度のある部屋に入る時には、匂いに敏感になるのだとか。

今の時季は、意識して香りを知ろうとしなければ知ることのできない草花の香りがまだまだありそうです。まだ知らぬ冬の香りを探してみましょう。

柊《ひいらぎ》の花

冬の香りのよい花といえば、柊の花です。来年の二月の節分に力をいただく呪力の花。鬼を祓うほどの力を持つと考えられた柊の、触るととても痛い刺のある葉のインパクトに比べたら、なんて楚々とした可憐な花。刺の間にまるで雪が降り注いだような、小さな白い花です。

刺がささらぬよう気をつけながら、顔を近づけてみると、とってもよい香り。小さな小さな花なのに、強く香ります。

注目される時季だけでなく、一年の巡りを通じて草花の起承転結の流れを見守り眺めていく習慣は、ものごとのさまざまな面を識るための力と通じているように思います。

ドウダンツツジの蕾

草木の冬支度を眺めるのが楽しみです。

冬を越えていくための蕾が美しいのはドウダンツツジ。蕾の色もなんともよい色。

春になれば開く芽の、きっちりと重なり合う今の様子が見事です。

ちなみに、ドウダンとキーボードをたたくと、「満天星」と素敵な漢字が現れます。

満天の星のように多くの花が開くことからつけられた名前でしょうけれど、たくさん枝分かれした先についているこの見事な蕾もまた、私には星のように見えます。

もうひとつの漢字は、灯台躑躅。これは放射状に分かれる枝が、昔の夜の灯りや、今なら神社や、薪《たきぎ》能《のう》などの灯りに登場する、結び灯台の足に似ているからだそうです。

枯れ松葉と背高泡立草

枯れゆく草木を眺めて歩きながら、枯れ松葉を拾い集めます。青い時の松葉のようなかたさはほぐれ、しなやかで優しい手触りです。

ある程度の数をまとめて束にしたら、半紙で包み、精麻で結びます。

枯れ松葉は、日本庭園では苔を寒さから守り、趣のある景色を描くための大事な役割を果たします。

束ねて結んだ枯れ松葉を包んだら、十一月の行事、お火焚きを思わせるようなかたちにしつらえ、背高泡立草の花を添えてみます。寒い日々をあたためるようなしつらいになりました。

残花《ざんか》

家の前にある仙人草の花が、思いのほか長く咲いて、ずっと玄関前に華やぎを添えてくれていました。

ここのところ朝夕の気温の下がり方が初冬らしくなって響いたのでしょう。さすがに長く続いた花の勢いに、陰りが見えてきましたので、思い切って枝を少しいただいて家の中にしつらえました。

残花は一般的には、散り残っている花や、春の終わりに咲き残る桜の花をさします。

今回は、とうに時季を越えた仙人草の花が咲いているのを残花としました。

この時季は、思いがけない場所で、残っている花が咲いているのを見ます。最後の光を放つように咲いている残花と出会うたびに、ご縁ですね、と心の中であいさつをします。

水仙

大雪《たいせつ》

十二月七日頃

たくさんの雪が降る頃、という節気です。これからますます、冬らしい日へと続きます。
しばらく残っていた小さな虫の音が聞こえなくなると思うと寂しいばかりですが、凛とした空気の冷たさや、息の白さを楽しむ時がやってきます。
真っ白な息になる、きりりと冷え込んだ朝。呼吸のリズムも見えるから、いつのまにか浅くなっている自分の呼吸を深く整えます。
呼吸と一緒に身体の中の淀みを吐き出し、新しい力を静かに深く胸に吸い込み満たして。空気が冷たければ冷たいほど、胸の中がきれいさっぱりと清められていくようで、寒いのはつらいことばかりではないなあ、と感じる時間です。

大雪のこと

静寂な音楽が流れているかのような十一月が過ぎて、暦は一年のフィナーレへ。十二月が幕を明けると、世の中の空気は一気に賑やかになっていきます。毎年のことだというのに慣れてしまうこともなく、いつも新鮮な興奮が、自分の中にむくむくと芽生えるのを感じます。

多くの人の気持ちや、ものごとが気忙しく交じり合い、目に見えない世界にまで、相乗作用がはたらいているのでしょう。おそらく実際の忙しさ以上に流れは早くなり、持て余してしまいそうな高揚感があります。これを不安や疲れにしてしまうのか、わくわくするような喜びにするのかは、自分次第。

よい力を保つには、やっぱり草木花や自然の景色が頼りになります。身近にある自然や草木花に少しでも目を注ぐ時間をつくり、その力を身につけていくことを心がけるようにします。

冷たくなった冬の空気を肌に感じながら、早朝の海に出かけてみると、美しい真っ白な「けあらし」がたつ季節となりました。慣れ親しんだ海も森も、幻想的な冬の景色に包まれて、違う顔を見せるようになります。

水仙

ぐんぐん背を伸ばした、水仙の花が咲いてまいりました。裏山で群生している山の水仙は二分咲きほどでしょうか。

天に向かって伸ばしていた青々とした葉のふくらみに命が宿り、はじけて花を咲かせていく――。

その様子を眺めていると、「身籠る」「生まれる」「誕生する」ということばが自然に浮かんできます。

花の咲く位置を咲きはじめから比べると、だんだんと高いところで咲くようになるのが水仙の面白いところです。

別名、雪中花と呼ばれるのは、厳しい寒さの中や雪の中でも花を咲かせることから。

真っすぐに天を目指すだけでなく、ねじりの入る自然な葉のかたちも目を引きます。

帰り花

春がきたと読み違えた花が、秋や冬に花をつけることを帰り花、もどり花、返り花、と呼びます。台風や強風によって早々と葉を落とした年は、木の眠りのサイクルが乱れて、あたたかな冬の日を春と勘違いしてしまうのです。

桜やツツジなどではおなじみですが、さまざまな種類の草木に、帰り花が見られる年も。初夏のスイカズラの花が咲いているのを見つけた時には、はっとして息を呑みました。

遠目で山を眺めると、ところどころ新緑が芽吹く景色が見られる年があります。紅葉に交じって萌えいずる冬の新緑の景色となります。

芽生えた緑が寒い冬を越えていくことは、当然難しくなりますから、落葉する葉と、新緑、両方つけた枝がいとおしくなり、花器に入れてみました。

帰り花ならぬ、「帰り葉」と呼ぶべきでしょうか。

松迎え

十二月十三日は事始め。お正月の準備をはじめる日となります。門松など、お正月に飾るための松や木々を、山や野から採ってくることを松迎えと呼びます。自然界からいただいて、かたちを整えておく日です。

お飾りをつくる前にそうした時間を設けるのは、過ぎゆく時を大切にあたため、新しい年に気持ちを向けていく、気持ちの支度をするためでもあります。

お正月というと、元旦から七草の七日まで、あるいは三が日までという方も多くなった現代には、松迎えの日取りがピンとこないかもしれません。煤払いの日も、支度としてはちょっと早いように感じるのは、おそらく一ヶ月から二ヶ月という長い期間をかけてお正月の支度をしていた頃のなごりです。

積み重ねてきた先人の祈りのスタイルは、時を越えてかたちとして残っています。

餅飾り

昔の年越しには、人間だけでなく、一緒に暮らしている動物や、こっそりと住みついていたネズミなど、小さないのちの分もあわせて、新しい年を迎えるための支度をする習わしがありました。

さらには、ふだん使っている道具のためにもお正月の飾りをします。

道具といえば、昔なら農作業の鍬や鎌、そして台所道具のお釜やお餅つきなどでした。現代なら、台所道具をはじめ、パソコンや筆記用具、鞄などでしょうか。

小さな丸餅にしめ縄やお飾りを結び、餅飾りをこしらえお供えします。一年働いてくれてありがとう、新しい年も一緒にはたらいてくださいね、と願いを込めます。

時節の草や花、実も一緒に添えて華やかに。

上から右回りに
黄色の万両、雪柳の冬葉
赤色の万両と葉
紅葉した野バラの葉

柊の花

柊の花は本当に小さくて可愛らしいものです。ただ、春がくれば、自然に咲いている姿が目に飛び込んでくる桜のような楽しみ方ができる花ではありません。

たとえ咲くのを知っていて楽しみにしていても、そろそろ時季かなと思った時には、花が散っていたということも珍しくないのです。

ひっそりと葉影に咲いて、しかもその葉はちくちくと痛いものですから、なおさらです。いつも遠巻きに見ているようなところがあります。

香りよく可愛らしい純白の小さな花の、満開の時に出会えたら何より幸い。

どんな日々であっても、小さな花が咲くのを慈しみながら暮らす日々でありますようにと、願いながら歩いています。

拝み松

拝み松は、東北や中部の山間などで見られた古くから伝わるお正月飾りのかたちのひとつです。

この独特な飾りのかたちに長いことずっと魅せられています。

拝み松、祝い松など、名もさまざまですが、一本立てて据える、年神様を迎えるための依代。床の間や柱に結んで、家の中の祭りの場とします。

今回は、大きな松の枝を、生活の道具であると同時に祝祭の道具でもあった石臼に立て、聖なる色を表す白色の餅花を添えました。年神様とのご縁をつなぐしるべとして、精麻を鮑結《あわびむす》びにしつらえました。

家々によりかたちは異なり、俵に立てたり、伏せた臼や鏡餅、若水の柄杓《ひしゃく》などと一緒に飾りつけをしたりします。

樅と檜葉

冬至《とうじ》

十二月二十二日頃

北半球では一年の中で、もっとも
昼の時間が短くなり、夜がいちばん

長くなります。

季節は立冬と立春の間、冬の真ん中にあたる頃。草木は眠るように静かになり、太陽の光はか弱く、頼りなく感じます。

昼の二時をまわる頃にはもう太陽の日差しにかげりが見えて、夕暮れが近いと伝えています。

まるで太陽が衰えていくようだと怖れを感じていた古代の人たちにとって、冬至は現代に生きる私たちが思う以上にとてつもなく大きな節目だったでしょう。

切実な気持ちに共感するのはなかなか難しいけれど、その不安な気持ちを想像することはできます。

災害や疫病など自然の力に圧倒されることが多くなってきた現代の私たちにも、その繊細な感性が必要な時代が訪れているのかもしれません。

冬至のこと

古の人たちは自然界の力を感じる能力に長けていました。そんな暮らしの中から生まれた祭りは、自然のダイナミズムに満ちています。たとえば太陽と火を重ね合わせ、大きな火を焚いて太陽の復活を願う「お火焚き」など。

冬への不安をかかえる一方で、春へと続く道の息吹をつかむ季節でもあったことは、お祭りや、一陽来復のことばのはしばしから伝わってきます。

興味深いのは、日本に限らず同じような発想が世界中に見られることです。北欧の冬至もキリスト教と交じり合い、クリスマスのお祭りになりましたが、もともとは太陽の祭りです。

そのクリスマスを過ぎると、日本ではお正月のムード一色に。お正月の神様を迎えるための支度をしながら、新年を無事に、幸せに過ごせますようにと祈ります。そのための力をつけてくれるのが年玉、あるいは年魂などと呼ばれ、年神様が運んできてくれると考えられていました。

樅の木の祝い松

十二月は、冬至、クリスマス、お正月の支度と続きます。

古くからあるお正月の習わしの中でも注目しているのが「祝い松」です。

「拝み松」「飾り松」などとも呼ばれ、大きく分けると門松のひとつといってもよいでしょう。

基本は家の中に飾るもので、年神様へのお供えもの、依代としての役割もあります。

祝い松の軸には、樅の大枝を用意し、クマザサ、黄金色の竹、稲穂の花、縁起のよい南天の実を添えました。

現代の私たちが、祝い松を「クリスマスツリーみたい」と思うのと同じように、はじめてクリスマスツリーが日本にやってきた時、昔の人は「祝い松みたい」と思ったに違いありません。

冬至、そしてクリスマスの祝祭に、お正月の神様をお迎えするしつらいに。

どなたにとっても十二月がよい日々となりますように。

鬼柚子《おにゆず》に千両

すっくと背を伸ばした千両も、鈴なりに色づいてきました。大きな鬼柚子と合わせて、縁起のよいものを掛け合わせてみます。

冬至の日が近づいて、だんだんと鎮まっていくのを感じていると、太陽の光のありがたさがあらためて身に染みてきて、自然と感謝の気持ちが湧いてきます。

柚子の明るい色は太陽に見立てたものです。どっしりとした姿と相反するのは、鬼柚子の重さの軽いこと。

繰り返し大きな変化が訪れる時代は、相反するような力も必要。ふたつの力を授かるために師走の冬至のしつらいにしました。

粟ぜんざい

寒くなると食べたくなるのが粟ぜんざいです。もち粟をもっちりと炊いて、小豆は粒あんに、甘さは軽めに仕上げます。

粟の黄色は柚子色に近く、取り合わせもあざやか。湯気の立つような寒い日にいただくと最高ですが、冷めても美味しくいただけます。

冬至の食べものである小豆と、太陽に見立てた明るい色。邪気祓いの食べ物としてもおすすめです。

稲より早く伝来し、縄文時代から栽培されていた粟。伊豆諸島の御蔵島や、沖縄の八重山諸島など、粟にまつわる習俗や儀礼が各地に多く見られます。

栗ぜんざいのつくり方

【材料】
もち栗……50g
小豆……150g
砂糖……100g
塩ひとつまみ

1 もち栗を洗って、かぶるくらいの水と鍋に入れ、中火にかけて沸騰したら弱火で約10分煮る。
2 火を止めて蓋をして、約15分蒸らす。
3 別の鍋に小豆と水を入れて、沸騰したらお湯を捨てる。ふたたび水を入れて、お好みのかたさになるまで煮る。砂糖をお好みの甘さになるように入れ、塩を入れたら、少し煮る。
4 2をお椀によそい、3をかけていただく。

お屠蘇《とそ》

元旦にいただくお屠蘇は古くから伝わる薬草の飲みものです。唐の時代の風邪の予防がはじまりだという説もあるお屠蘇ですが、邪気を祓い、心身を蘇らせるものとして、日本に広まりました。

我が家では、家族を思い、使いやすい材料で口に合うものを考えながら、毎年お屠蘇を手づくりしています。棗《なつめ》、茱萸、紅花、肉桂《にっけい》、山椒の実、八角、などを入れたブレンドにしました。

お神酒につけてお屠蘇としていただいた後、沸騰したお湯を注いでお茶にしても美味しくいただけます。変わったところでは、ホットワインにしても美味。それぞれのおうちの味のお屠蘇の配合、楽しんではいかがでしょう。

ひっちの稲穂

ひっち、またはひづちとは、刈り取った稲からふたたび芽吹いて、穂をつけた稲のこと。つまりは稲のひこばえです。

これは庭で育てていた稲が刈り取りを終えた後、ふたたびすくすくと育ち、二回目の稲穂をつけたもの。それを根ごと掘り上げ、新しい年を迎える前のお供えものにしました。

足元には、難を転じる南天の赤い実を配します。根付きのものにして、しっかりと根をはり、大地をつかむような生き方ができますようにと願いを込めます。

新しい年への思いをしつらいに託して、道しるべになるように。じっくりと願いを広げ、あたためていく時季となりました。

南天

小寒《しょうかん》

一月五日頃

小寒は、お正月の三が日も過ぎて、七草に入ろうとする頃。

一年でもっとも寒い季節のはじまり、「寒の入り」となります。

「寒」は、小寒と大寒を合わせて約三十日間。これから節分の「寒明け」まで、厳しい寒さは続きます。

きりりと冷え込んだ早朝には、土がほっこりと持ち上がっていることも。足で踏んでしまわぬように気を

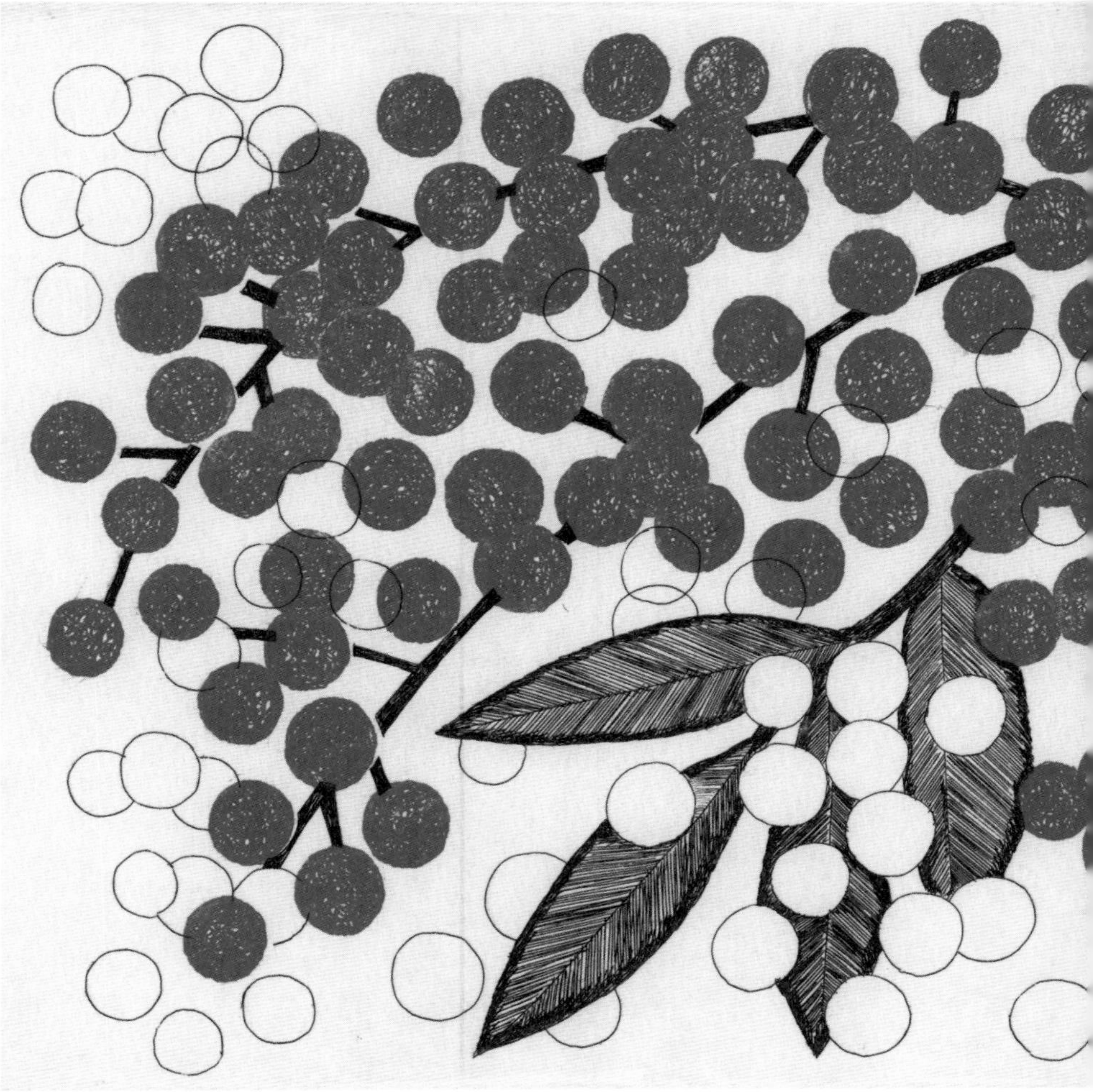

つけながらしゃがんでみると、きらきらと光る小さな氷の柱、霜柱が見えて、その美しさにため息がでます。

澄み渡る大気のおかげで、真っ白に雪化粧した富士山が遠くからもよく見えて、冬の気分をより盛り上げてくれます。

高揚するようなその気持ちが寒さをゆるめてくれることを期待するけれど、息を吐けば真っ白。

小さなこどもが自分の身体から出てくる白いけむりのようなその息を面白がるように、何度も確かめては楽しんで。

冬ならではのひと時を味わいたいと思います。

小寒のこと

新しい年がはじまりました。

雪の日も増えていき、北国や、高地などの山々はしっかり銀白色に染まっています。

あたたかな冬に慣れた身体には、凍えるような寒さも新鮮に感じます。ふうーっと吐く息はもちろん白く、何よりは手に現れる感覚――。冷たく乾いた空気に晒されて、かじかんで縮こまるような、痛いような、そして懐かしいような、冬の手の感覚を味わいます。

二十四節気は、小寒を迎えて「寒」の季節の幕開け。寒は節分の後、立春がくるまでの間の約ひと月ほどとなります。春の訪れを迎えるための工夫や支度をしながら、冬籠りの季節に入ります。

ちなみに「籠る」ということばは、日本の行事や、慣習、そして神話の中にもよく見られることばです。

冬籠りをはじめ、たとえば赤ちゃんができたことを「身籠る」といいます。

祭りの前には、神職や参加者の「神事の籠り」、出産の時の産屋への「籠り」、田植えを行う人が、菖蒲や蓬を葺《ふ》いた家でひと晩過ごす「葺き籠り」、大晦日の「除夜の籠り」、立春の前の「節分籠り」などなど。

そして、神話の中では天照大神《あまてらすおおかみ》が天岩戸に籠ります。

また、日本人は人間だけでなく、自然界に現れる現象などにも「籠り」ということばを使います。たとえば、稲が籾《もみ》を結ぶことも、籠りと見立てました。

これらのさまざまな籠りから伝わってくるのは、何か隔てられた場所にとどまる時を持つことで清められ、成長する、あるいは別のものに生まれ変わる、再生のイメージ。

私たちは、大晦日というひとつの大きな籠りを越えて、草木花や、他のいのちとともに冬籠りをしながら、かつてなかったほどの大きな変化の中で、新しく生まれ変わるための力を蓄えている――。

そんな時節を迎えています。

寒の水飾り　日陰葛・残菊

ひかげのかずら・ざんぎく

今回は寒の湧き水を汲み、水桶に入れて、寒の水をありがたくいただくための時節の花のしつらいとしました。

日陰葛は、鬼の口ひげ、きつねの前掛けなど、別名も魅力的です。

松と同じく緑色を保ち、蔓も長く伸びて趣がありま す。万葉集にも見られるほど古くからある植物で、さまざまな神事に使われ、お茶席でもおなじみです。

残菊とは、重陽の節供を過ぎた後、冬まで咲いている菊のことです。寒さにふるえながらも花を咲かせる野菊の佇まいが、心根に響いてきます。

寒の間の水は「寒の水」と呼ばれ、清らかで、水質もよくやわらかく、いつまでも傷まない良質な水と考えられていました。

たとえば「寒の水は薬」ということわざや、「寒九の水」といって、寒に入ってから九日目に汲んだ水は、薬を飲むのによい、といういわれがあります。昔のように井戸から汲むのでなくとも、蛇口からでる水の冷たさを感じてみたいと思います。

寒の水で餅をついたり、稲穂を使う神事に使ったり。寒造りといって、この時季にお酒や味噌をつくると美味しいといわれているのも、冷え込む気温の中で、この寒の水を使うところに秘訣があります。

もちろん現在のように水道からの水ではなく、井戸の水を使っていた頃に生まれた話です。地下から汲み上げることでありがたみがあり、自然からいただいているという気持ちも湧き起こり、身近なものだったでしょう。

自然から距離を保つ暮らしは便利なことも多いのですが、どこか物足りない感覚があるものです。その思いを払拭するための工夫のひとつが、草木花のしつらいに思いを託す時間です。

自然のリズムに寄り添い、失いかけた力を呼び戻すのにいい機会になります。

七草

一月七日は七草の日。五節供のひとつ、人日の節供でもあります。冬の間ずっと力を蓄えて、その年、初めて芽を出した摘み草の力を身体にいただくという意味合いがあります。

ただ、旧暦で暮らしていた頃と比べると、一ヶ月から一ヶ月半のズレがありますから、本来はもう少し先の季節に行う行事になります。「セリ、ナズナ、ゴギョウ、ハコベラ、ホトケノザ、スズナ、スズシロ、春の七草」と詠まれた歌にあるような七草をお店で買うのは、身近に自然がなくなったからだけではなく、採取するにはまだ時季が早いから。寒さに凍えながら探す現代の七草と、立春過ぎて春のきざしに気持ちふくらむ頃の本来の七草の季節感とは随分違います。

お店で七草を揃えるのも楽しいですし、あたりを見回して、摘み草を探すのも楽しいものです。

たとえば、私の住むあたりで採れるものは、ハコベ、ノビル、タンポポの若葉、明日葉、三つ葉などなど。寒い冬のちょっとかためな土の感触を靴を通して感じながら、毎年探すのが楽しみです。

棒餅

関西などで見かける棒餅を鏡餅にしました。
赤い色の餅は縁起のよい海老の餅。
緑色の餅は植物の力をいただく蓬の餅。
三方に日陰葛をたっぷりと敷いて、しめ縄で結び、橙をのせて。

一般的に鏡開きは一月十一日と暦にはありますが、もともとは地域や、家々によって鏡開きをする日は異なっていました。

自然の餅ほど、意外とカビが生えやすいものですから、塩梅を見て、その前に下ろしていただいてもよいのです。

祈りのかたちも、神様と一緒にいただくタイミングも、現代のようにこれだけ多様な暮らしがある中では、それぞれのスタイルで。

どんなことを願い、祈り、どんな時を過ごすのかを何より大事にできれば、より心躍る日となることでしょう。

どんと焼き

お飾りをはずして、そろそろお正月の神様をお見送りする時期となりました。

二ヶ月ほどの期間があったのが本来のお正月でしたが、現在は早ければ三が日、遅くとも十五日の小正月までというところが多いでしょうか。

お飾りを集めてお焚き上げして、お正月の神様をお見送りするのが、左義長《さぎちょう》、あるいはどんと焼きなどと呼ばれる行事です。この煙に乗ってお正月の神様は帰る、そう考えられてきた経緯があります。

この話にも表れている日本の神様の性質は、ずっとどこか同じ場所にいるのではなく、いつもどこかからやってきて、時がくれば帰る、つまり、旅をする神様なのだということです。お飾りを一年一年、新しくつくるのも、一年ごとに来訪する神様を迎えるためでもあります。

この日がやってくると、お正月の神様をお見送りして、新しい年が本格的にはじまるのだと、心新たな気持ちになります。

餅花とクマザサ

お正月や小正月の餅花には、柳の枝や、できるだけまだ眠りについている木を用います。
バランスよく枝を整え、小さな白い餅を丸めてつけていきます。冬になり葉の乾燥を防ぐために白い縁取りが現れたクマザサと、新米の稲穂の花を添えました。

来年もよい実りがありますようにと願いを込め、餅を花に見立てた予祝《よしゅく》のしつらいです。

予祝とは古代から日本に見られる考え方で、そうなって欲しいなと思うことを、あたかももうすでに願いが叶ったこととして、喜んだり、願いが現実のものになった時の状況を再現したりすることです。そうすることで、力が発動し、現実になると考えた古来の信仰のひとつです。

紅白の餅をつけた華やかな餅花や、白い餅のみで楚々とした餅花もあり。

枝ぶりによって、表情の出る飾りものです。

シクラメン

大寒《だいかん》

一月二十日頃

一年でもっとも寒い時季、大寒がやってきました。

二十四の季節もひと巡り。ひとつの大きな節目です。

寒の時季もピークを迎えて、まさに凍えるような日々の中。少しでも日の当たる方へと身体は向かい、太陽の力をもとめる気持ちが強まります。

草木花もまだ眠る静けさと厳しい寒さの中で、身をかたくしながら歩く日々は続くわ

けですが、そのことが却って自然とのつながりを思い出させてくれます。

それでも大寒も中頃を過ぎるにつれて、耳を澄ませば、眠っていたような季節も少しずつ動きはじめているのを感じます。

光の眩しさや、日が長くなってきたことを身体で感じる夕暮れ。山桜などの木々の冬芽を毎日眺めていれば、かたちが変わってきたなあと感じる頃です。

こうしてあちこちに現れる春のきざしをゆっくりと見つけていくのは本当に楽しみ。

ふたたび春が訪れることの嬉しさを一年でもっとも感じ、味わう季節となります。

大寒のこと

長い年月、日本人の暮らしの中で根づいていた従来の「暮れの時期」あるいは「年の瀬」はこの期間になります。注意深く草木花を眺めれば、桜の冬芽は動き、いち早く日の当たる枝には梅の花がほころんでいます。春への期待をふくらませながら過ごした昔の人々の思いを感じながら、二回目の年末を心の内で楽しみます。

寒さの頂点にありながら、扉は開き、春への道は続いています。冬と春をいったりきたりしながら、自分の軸を確かめていくにはよい時季です。

季節の流れから受け取るメッセージは、人により違いますが、大寒の時季に私が感じるのは、目を留めていくものにより、気持ちや流れがいつも以上に大きく変わるということです。沈丁花の蕾を愛でながら、やがてくる春の訪れとともにふくらむ、あたたかいものへと気持ちを向けていきたいと思います。

雪柳の残り葉

山の木々に時季外れの新芽が吹いていたり、紅葉していたりすることがあります。寒さの中での季節外れの花や新芽は、そのゆくえが気になります。

特に気になるのは、雪柳に残った葉です。

晩秋に色づいた葉を生けて、愛でるものを照り葉と呼びますが、残り葉と名づけたのは、冬の朝日に照らされた雪柳の葉がとてもきれいだったからです。

本来ならすっかり落葉し、冬芽だけがついているはずの枝に色づいた葉。さまざまな季節を重ねることで葉色も奥行きが出るのでしょうか、見とれてしまう素敵な色をしています。

ドウダンツツジの新芽

十一月の晩秋に、北海道から連れ帰ったドウダンツツジの蕾。水に挿して、かちっとした蕾や、幾重にもなる模様の重なりを楽しんでいたのですが、頑な蕾がゆるんできたような気がして眺めていると、緑色の芽が顔を出しはじめました。

部屋の中に思いがけず、いち早くやってきた春の動き。いのちの不思議を楽しんでいます。

豆飾り

節分の豆飾りの支度に、小さな柊鰯をしつらえました。

江戸時代などの古い図絵を見ると、お正月飾りと豆まきがひとつの絵に描かれているものがよく見られます。旧暦ではお正月と節分の日付は重なることもあり、元来、時期の近いものでした。

自然の力がふくらみはじめ、新しいいのちが生まれる前の混沌とした狭間。四季の巡りの中でも大きな境界線が節分になります。

新しい流れを迎える前に、隙間に入り込みやすい災いや疫病を除けるためにある、さまざまな習わしや工夫を暮らしに取り入れて。

次の季節を迎える前に、気持ちや身体を整えていきます。

冬の笹

冬のクマザサには白く美しい縁取りが見られます。まだ若い葉には縁取りのないものもありますが、これは、寒い冬を越すために縁への水分を断ち、生きるための工夫です。

縁取りのある笹と、青一色の笹は種類が違う、と長いこと勘違いをしていましたが、縁を白く乾燥させることによって全体の水分を保つようにはたらいているのです。それが冬の笹葉の景色として表れています。

クマザサの名も「熊笹」ではなく、縁が白く隈になる「隈笹」が由来だとか。

冬のクマザサは縁に水分が少ないおかげで、乾いてきてもピンとしていてさまざまな花との相性もよいものです。

旧正月の門松

二回目のお正月がやってきます。長い年月にわたって日本人が使っていた古い暦のお正月です。新暦の年の瀬や、年始にやり残してしまったという思いがある時は、ちょうどよい仕切り直しの機会です。旧正月の根引きの松を束ねてみました。私は毎年、あらためてお飾りを掛けて新年を迎え直すような気持ちで過ごします。

行事や季節の楽しみごとは暮らしのリズムを保ち、自分らしさを思い出すための助けになってくれますが、季節のズレがあるもの、ないものが入り交じっており、複雑に感じることもあるでしょう。ただ、今はスマホのアプリなど便利なものが豊富にありますから、自分のライフスタイルや考え方に合わせて臨機応変に暦を使い分けるのも、そう難しいことではありません。

二回目のお正月、旧暦のお正月の季節は、そろそろ節分が近く、窓から差し込む光も、いつのまにか白く眩しくなる頃。旧暦のお正月を迎えてはじめて、「迎春」や「新春」とお年賀に書く意味が、ようやく腑に落ちてきます。

山茶花の残花

水仙の花もこれからが見頃と、とても遅い出だしの年があります。

この時季、彩りを求めてさまよう気持ちを引き受けてくれる花のひとつが、山茶花ではないかと思います。長い期間にわたり咲くこの花は、はじめは慎ましやかに、そしてだんだんと花を広げていきます。

一枚一枚花びらが落ちて、道を彩るのも華やか。凛と咲く花の時季はとうに過ぎましたが、大きく開いた山茶花の花もまた、ゆるやかで優しい趣があります。

どの花もそうですが、「旬」と呼ばれる時だけが花の時季ではありません。ふわりと羽を広げるように咲く今の山茶花は、あたりの空気をふんわりと和らげるような優しい気を放っています。

おわりに　花月暦によせて

かつては身近であった花のある暮らしが、生活スタイルの変化とともに遠い存在になりつつあります。

花を売るだけではこの文化が廃れていってしまう、そんな思いから花屋である私ども第一園芸がモノとしての花だけではなく、花の「こと」をお伝えするために「花毎《はなごと》」というオウンドメディアが生まれました。

花の「こと」を伝えるには季節感と伝統行事が必須。これらをどう表現したらよいのか――。そんな二〇一七年の夏、当時の立ち上げメンバーだった同僚から、こんな方に書いてもらえたらいいのでは？　と、広田千悦子さんの連載が載ったＰＲ誌を手渡されました。凛としながらも温かみのある文章と添えられた美しいしつらいの写真、そして刻々と変化する日本の季節を詩的に表した二十四節気のこと。

花毎が目指しているものがそこにありました。

ただ、何の実績もなく、編集経験すらない花屋からの依頼を受けていただけるのだろうか。細い糸を辿るように千悦子さんにお目にかかる機会を得て、まだ暑さの残る秋のはじまりに深い紫色のリシアンサスを抱え、秋谷のアトリエに伺いました。

忘れさられようとしている和の行事、薄れる季節感、そういった物事と寄り添うような花のある暮らし。

花屋に売られている花だけではなく、身近にある花や草木のことも綴っていただきたい。

そんなやみくもな熱量を受け取っていただけたのか、海のものとも山のものともしれない、花毎にご寄稿いただけることになったのが二〇一八年の立春でした。


——花が毎日の暮らしに寄り添い　こころが豊かになること——

そんな願いを込めて名付けた花毎から、水上多摩江さんの繊細な絵、広田行正さんの気温まで伝わるような写真、千悦子さんの端正な文章が集まり、この美しい一冊が生まれたことは大きな喜びです。


この本が手帖のように幾度も開かれ、みなさまの暮らしの中にまた花が戻ってくるきっかけになることを願いつつ、これからも末永く「花を知り、楽しむ」ことをお伝えして参ります。

第一園芸株式会社

広田千悦子（ひろた ちえこ）
日本の行事・室礼研究家。日本の行事や習わしの由縁など、その源流や古きことをふまえつつも、基底に流れる発想や本質などについて考え、しつらいを試みる季節の稽古、「季節のしつらい教室」を主宰。動画配信教室も開講中。四季折々の季節や行事の楽しみやうつくしさを伝える映像をyoutubeにて配信中。著書は、ロングセラーの『おうちで楽しむにほんの行事』（技術評論社）シリーズをはじめ、近著の『にほんの行事と四季のしつらい』（世界文化社）など多数。

「広田千悦子チャンネル」

本書は、第一園芸株式会社のウェブサイト「花毎」に連載中の「花月暦」を加筆修正したものです。

花月暦
2021年3月12日　初版第1刷発行

文　広田千悦子
絵　水上多摩江
写真　広田行正
企画協力　第一園芸株式会社
デザイン　椎名麻美
編集　池田真純

発行人　三芳寛要
発行元　株式会社パイインターナショナル
〒170-0005
東京都豊島区南大塚2-32-4
TEL 03-3944-3981
FAX 03-5395-4830
sales@pie.co.jp

印刷　株式会社廣済堂

978-4-7562-5480-1 C0070
Printed in Japan